Vista-se de Si

Copyright© 2020 by Literare Books International.
Todos os direitos desta edição são reservados à Literare Books International.

Presidente:
Mauricio Sita

Vice-presidente:
Alessandra Ksenhuck

Capa:
Paulo Gallian

Projeto gráfico e diagramação do miolo:
Gabriel Uchima

Revisão:
Ivani Rezende

Revisão textual-artística:
Edilson Menezes

Diretora de projetos:
Gleide Santos

Diretora executiva:
Julyana Rosa

Gerente de marketing e de novos negócios:
Horacio Corral

Relacionamento com o cliente:
Claudia Pires

Impressão:
Noschang

Dados Internacionais de Catalogação na Publicação (CIP)
(eDOC BRASIL, Belo Horizonte/MG)

P667v Pires, Jhanne
        Vista-se de si e descubra o poder da sua imagem / Jhanne Pires.
     – São Paulo, SP: Literare Books International, 2020.
        14 x 21 cm

        ISBN 978-65-86939-19-4

        1. Autoajuda. 2. Comportamento humano. 3. Sucesso. I. Título.

                                                    CDD 151.8

Elaborado por Maurício Amormino Júnior – CRB6/2422

Literare Books International Ltda
Rua Antônio Augusto Covello, 472 – Vila Mariana – São Paulo, SP
CEP 01550-060
Fone/fax: (0**11) 2659-0968
site: www.literarebooks.com.br
e-mail: contato@literarebooks.com.br

Agradecimentos

Na medida em que me dediquei a escrever o livro, percebi que não era apenas um desejo peculiar. Em minhas mãos, começava a narrativa da realização de um propósito que tem transformado vidas.

Antes de todos, agradeço a Deus, que me ajudou na decisão de transformar primeiramente a minha vida, para que assim pudesse oferecer essa oportunidade a uma multidão, por meio da metodologia, das redes sociais e, agora, da obra.

Um agradecimento amoroso a minha filha Lavínia, por compreender, apoiar, confiar e respeitar o trabalho que dedico a mim e a outras pessoas. Sem você, filha, nada faria sentido.

Agradeço aos meus pais, que me ofereceram a oportunidade de estar no mundo para que hoje, através da minha história, pudesse ajudar outras vidas. Um agradecimento especial ao meu psicólogo Rômulo Alves de Moura, que com apenas dois meses de terapia me fez enxergar e assumir a responsabilidade por minhas escolhas.

Um agradecimento carinhoso a minha mentora Tathiane Deândhela, por me incentivar a espalhar meu conhecimento e experiências, por meio do livro, das palestras e mentorias *on-line*.

Sou grata a minha consultora Lívia Mesquita, que acreditou na importância de acompanhar cada cliente por meses e pela responsabilidade de ajudar a mulher a aplicar o método VISTA-SE DE SI, em cada uma das tantas etapas.

Agradeço a cada cliente que confiou em mim e no método, que me deu a oportunidade de participar de sua vida e conhecer sua maravilhosa essência.

Gratidão a todas as marcas que confiaram em meu trabalho como influenciadora digital, aos parceiros e aos seguidores das redes sociais, que acompanham e se inspiram em mim.

Expresso uma enorme gratidão ao pai de minha filha, que me apoiou de várias maneiras, para que pudesse concluir minhas pesquisas.

Agradeço a toda minha equipe. Vocês contribuíram muito para a realização deste propósito.

Aos professores e mentores que contribuíram com o conhecimento que tenho hoje, aos alunos e amigos com quem convivi e ainda convivo, que passaram por minha vida e acreditaram em meus valores.

Agradeço ao meu consultor literário Edilson Menezes, que corrigiu a obra.

Um especial agradecimento a você, que inicia esse processo de transformação. *Vista-se de si* e use o grande poder da sua imagem, para que isso reflita em todas as áreas de sua vida e na existência daqueles que estão a sua volta.

Sumário

Apresentação..9

1. Quem é você, enquanto o mundo muda?................21

2. Coerência entre o método e quem eu sou...............41

3. Como funciona o método Vista-se de si.................53

4. Como identificar o estilo de cada mulher...............73

5. Quem é você e que história de si
   deseja contar...107

6. Construindo uma nova imagem........................119

7. A congruência entre o que se diz
   e o que a imagem mostra.................................131

8. A imagem que transmitimos
   para a pessoa amada......................................143

9. A agenda de looks e seu closet..........................151

10. As roupas paradas no closet e
    o teste-bônus da sua imagem...........................169

Apresentação

Como você se vê?
Como o mundo te percebe?
E se levarmos as perguntas do campo emocional ao prático, visitando o *closet*?
Você compra muita roupa e depois sente que exagerou?
Tem roupas guardadas para usar "quando perder peso"?
Possui roupas compradas por impulso?
Ou dispõe de muitas roupas, mas pode dizer que usa sempre as mesmas?
Eu sei que são perguntas difíceis. Encontraremos as respostas juntas.
É uma responsabilidade enorme gerir o único método do mundo que trabalha a imagem em cada área vivenciada pela mulher. Mas eu assumo o desafio de coração aberto, pois busquei no Brasil e na Europa tudo o que existe de melhor a respeito da imagem e do comportamento, compilei

Vista-se de si

as informações e criei uma metodologia que me ajudou muito e, com certeza, pode ajudar você, minha semelhante, que está com o livro em mãos.

Vamos começar pelo que "não é", pois isso facilita a compreensão. O *Vista-se de si* não é uma consultoria baseada somente em tendências, nem se concentra só nos melhores *looks*. Tampouco serve apenas para *marketing* pessoal. Diferentemente disso, é um método baseado em imagem e comportamento, dois recursos que fazem a diferença positiva na vida da mulher, pois a imagem adotada nos projeta para o mundo e o comportamento adotado transforma as nossas oportunidades em sonhos realizados. Portanto, o foco é a imagem a ser transmitida em benefício dos anseios pessoais e dos sonhos profissionais.

O *Vista-se de si* é um conceito, uma opção de vida que permite o enfrentamento dos males a partir da autoestima como fator de blindagem. Afinal, quando a mulher cumpre suas responsabilidades em cada área da vida, consegue alcançar uma vida plena. Esse alcance está diretamente ligado a dois fatores que merecem atenção: 1) a imagem que ela tem de si, a autoestima, a satisfação pessoal com aquilo que ela transmite e projeta; 2) a imagem que as pessoas das relações íntimas e do trabalho veem nesta mulher.

Jhanne Pires

Só a título de exemplo, vivemos em um mundo repleto de mulheres que enfrentam males como ansiedade, depressão e síndrome do pânico. O *Vista-se de si*, é claro, não cura doenças, mas gera qualidade de vida, se posicionando como um método aliado para evitar que a mulher perca o seu equilíbrio, o seu centro, o tão valoroso poder pessoal.

E por falar em equilíbrio, em 2020, ano em que coloco nas mãos da sociedade a primeira edição da obra que estou apresentando, o mundo parou, perplexo.

Da Ásia aos demais continentes, testemunhamos uma pandemia que entrou em nossa vida sem pedir licença, ceifando vidas, destruindo famílias, gerando o caos, deixando pessoas e empresas em choque, inseguras em relação ao dia de amanhã. Perdemos várias batalhas para a COVID-19, mas vencemos a guerra e o mundo seguiu o seu curso, procurando curar as tantas feridas, o que não foi nada fácil.

Durante os momentos mais difíceis, subitamente as mulheres de todo o Brasil, que já viviam o desafio de lidar com tantas áreas que exigem múltiplos talentos, precisaram aprender a trabalhar em casa, cedendo aos encantos e desencantos do *home office*. Em um cenário tão complexo, toda ajuda foi bem-vinda para motivar, inspirar, reagir e vencer.

Vista-se de si

Quando criei, vivenciei e apliquei em mim a metodologia *Vista-se de si*, imaginei que nascia ali uma chance prática para a mulher se transformar e mudar o mundo a sua volta. Depois dos testes, apliquei e descobri que o prognóstico estava certo. Essa descoberta não se confirmou só pela régua ou aos olhos da idealizadora. As clientes avalizaram a eficácia. Se, naquela época, o método foi considerado pelas clientes válido e importante para projetar a imagem que a mulher desejava mostrar ao mundo, com a pandemia passou a ser crucial.

Jamais a mulher precisou tanto vestir-se de si e para si. Um desafio se apossou da alma feminina, tão vibrante por essência: vestir a peça que a faz sentir-se feliz e plena em cada ocasião, mesmo sabendo que naquele dia não sairia de casa e que os seus compromissos aconteceriam na esfera digital.

Podemos pensar em cinco elementos presentes na luta da mulher que aprendeu a vestir-se de si em plena pandemia.

1. **A magia de olhar-se no espelho e ver projetada a imagem de uma mulher que vai vencer mais um dia de pandemia e caos;**
2. **O desejo de fazer a diferença na própria vida até realizar todos os sonhos;**

3. A determinação para manter a carreira e os negócios em alta, mesmo diante das circunstâncias desfavoráveis;
4. A generosidade de apoiar aqueles que dela precisaram, no trabalho e na família, característica maternal presente em toda mulher;
5. A disposição de contribuir verdadeiramente com a sociedade em que está inserida.

Para cumprir tudo isso, a mulher precisou de dois requisitos indispensáveis, olhar para dentro de si e resgatar ou ativar a força impregnada no DNA, em cada uma de suas células.

Portanto, de coração, espero que o *Vista-se de si* seja para você uma oportunidade de ter contato com essa força que ajuda a mudar o mundo e que está presente em sua alma.

O futuro vai testemunhar que fomos capazes, juntas, de vencer um dos períodos mais tristes da história contemporânea. O porvir vai mostrar que tivemos força para atravessar esses dias tão dolorosos que envolveram o luto por tantos que sucumbiram, enquanto lutávamos. E que fique claro: só conseguimos porque sempre soubemos sonhar com dias melhores, que nascem das atitudes positivas e que, por sua vez, derivam da imagem vencedora que projetamos para nós, *que vestimos de nós*.

Ah, os sonhos...

Governos de várias nações agiram emergencialmente, organizações ligadas à saúde nos protegeram, heróis de jaleco branco salvaram milhões de vidas mundo afora, mas a pandemia foi vencida, sobretudo, por uma razão: nunca deixamos de sonhar.

A conquista de cada sonho depende daquilo que comunicamos para as pessoas, pois o sonho de ser uma talentosa empreendedora, por exemplo, requer que se transmita essa imagem e que as ações sejam coerentes com a imagem transmitida. É assim que cada mulher estará mudando e moldando o novo mundo, a partir de 2020.

Aliás, humildemente, quero também deixar uma contribuição para ser somada ao esforço desses heróis anônimos e declarados que surgiram por aí: antes mesmo de revelar como a metodologia nasceu e transformou tantas vidas, a começar pela minha, o que considero um dos pontos mais importantes a revelar na obra, já que nada é tão forte quanto o exemplo da própria vida, peço a permissão da leitora para abrir o primeiro capítulo, que se aproxima, mencionando o *que* e *como* a mulher pode vestir-se de si em tempos tão adversos quanto este, da pandemia. Em seguida, os demais capítulos vão esmiuçar a metodologia e sanar todas as dúvidas.

Vale destacar que tudo é importante na relação imagem versus comportamento. Ao zelar pela imagem que oferece ao mundo, as mulheres atingem excelentes resultados pessoais e profissionais, erguendo muros invisíveis contra as enfermidades e as coisas negativas. Convenhamos: toda doença precisa encontrar a guarda baixa e, se tem uma coisa que quem se veste de si possui de sobra é blindagem emocional para proteger-se, vencer e sentir-se realizada.

Vamos entender algo: se os padrões de beleza criados pela moda e pela sociedade se bastassem, todo mundo usaria as mesmas roupas e viveríamos quase uniformizadas. Ao contrário disso, desde que tudo começou, as próprias escrituras eternizaram a mensagem de que "Deus criou o ser humano à sua imagem e semelhança". Esse trecho das escrituras me tocou a alma, me permitiu ver a importância da imagem na vida do ser humano.

A simples interpretação dessa metáfora divina permite concluir que existe algo muito especial na individualidade, nas preferências, na mensagem que a mulher compartilha através de sua imagem.

Foram muitas pesquisas e um trabalho árduo, mas o resultado valeu. Decidi traçar o método para fortalecer a mulher porque não adianta ter o melhor *closet* e nunca estar satisfeita, as peças mais caras e, ao usá-las, não entender o significado dessas roupas.

Resolvi criar uma metodologia que facilitasse à mulher a chance de investigar o coração e decidir como deseja mostrar para si, em primeiro lugar; depois para o mundo e as pessoas, em busca de uma existência plena, de resultados positivos na profissão e na vida ao lado daqueles que ama.

Tudo começou pelo propósito de ajudar a mulher a se descobrir, a ter a segurança de saber quem é. O método *Vista-se de si* nasceu, em resumo, para fazer a mulher se conhecer, solucionar a dúvida sobre como manter a harmonia entre as cores e a pele, como ter equilíbrio visual entre a roupa e o corpo, como reunir as habilidades para alcançar e ser a sua melhor versão.

Uma vez que o método é incorporado à vida, assim que a mulher recebe o seu dossiê completo do passo a passo, que carinhosamente chamamos de "seu manual", e mostra a rota para ter uma vida melhor (não de acordo com o que outros acham melhor e sim de acordo com o que ela decidiu ser melhor), recebe o benefício da melhor comunicação possível de si para o ambiente em que participa, profissional ou social, no dia a dia ou nos eventos.

> *"Vista-se de si é a oportunidade de apresentar ao mundo a imagem que traduz quem você é por essência."*

No meu caso, rapidinho, a criatura se transformou na criadora. As pessoas aprovaram tanto o método *Vista-se de si* que a metodologia e eu acabamos por nos fundir, pois o método que ensino não é um catado de teorias especuladoras. Muito pelo contrário, é uma ferramenta que pratiquei e pratico em mim, um recurso que só ofereci ao semelhante depois de ter a certeza de que funcionava para a evolução, para a descoberta do autoconhecimento, para que a mulher pudesse sentir a segurança de usar a roupa que a deixasse satisfeita e realizada, avaliando premissas importantes que a maioria não sabia responder:

O que, por que, qual, onde e como vestir?
Qual é o meu estilo?
Como eu quero ser vista e que tipo de imagem tenho transmitido?

Não se preocupe. Capítulo a capítulo, vamos desvendar tudo isso. De início, devo reconhecer que o método também silencia certo preconceito que perdura em relação ao tema, pois muita gente ainda considera fúteis as matérias que investigam a imagem da mulher.

Engana-se quem assim pensa. É justamente o oposto. Uma vez relacionados, avaliados e trabalhados, temas como consultoria de imagem, vestimenta, comportamento e visagismo são componentes que ajudam a mulher a se valorizar, a dar visibilidade e difundir sua imagem de maneira que a deixe feliz, para que os outros a respeitem, entendam, admirem e até se inspirem.

Vestir-se de si significa extrair o que a mulher tem de melhor em todas as áreas da vida, nos múltiplos papéis que sua existência prevê, porque não é fácil ser mãe, profissional, esposa, empreendedora, mulher, líder, filha, amiga, irmã, atleta, empresária, altruísta e tantos outros papéis que cada uma exerce, a depender da realidade que vive.

A mulher precisa e merece ser bem representada diante dessas tantas atuações que a vida exige, porque comunicar qualquer imagem resulta em qualquer resultado.

Aos jornalistas que perguntam sobre o meu trabalho, costumo dizer que é mais do que um trabalho. É um propósito de vida ajudar e ver a mulher se transformando, vestindo-se de si com o corpo e a alma.

Acredito tanto no projeto que lá atrás, quando fomos criar a nossa logomarca, o desenho foi trabalhado no rumo da transformação e contém um ponto de luz, que é a mulher, um brilho, que significa a luz da individualidade e dois símbolos do infinito juntos, que representam as asas de uma borboleta, isto é, que se transforma para sempre. Traz ainda a imagem de um coração, que significa a emoção.

Realmente, o método transforma vidas de um jeito que chega a me emocionar. Tenho me deparado com borboletas maravilhosas que só precisavam de uma ajuda para deixar o casulo em busca do voo pela vida. São mais de meio milhão de borboletas que me acompanham pelas redes sociais e cada uma dessas mulheres busca evolução constante, o que mostra como este novo século está cheio de pessoas em movimento, que não aceitam mais as mesmas coisas e os mesmos resultados. É aí, nesse exato ponto do desejo evolutivo, que o *Vista-se de si* entra em ação.

Quando a mulher assume tantas responsabilidades, todos os reflexos dos compromissos estarão presentes em sua imagem e em seus comportamentos, razão pela qual *vestir-se de si* gera o desejo de estar bem, a sensação de merecer e pertencer àquele lugar em que está, a autoestima necessária para tomar decisões com autonomia, lidar com o medo e vencer cada obstáculo da vida.

Por tudo isso, creio que fica claro para as leitoras e os eventuais críticos: *vestir-se de si* é mais profundo que escolher a vestimenta. Na verdade, é a chance que a mulher tem de praticar o amor-próprio em sua mais abrangente compreensão.

Sou Jhanne Pires. "Vestir-me de mim" mudou a minha vida e convido você a conhecer o método que pode mudar a sua. Seja bem-vinda!

Instagram: @jhannepires / @vistasedesioficial
E-mail: contato@vistasedesi.com.br

Capítulo 1

Capítulo 1

Quem é você, enquanto o mundo muda?

Mais importante do que a minha, a sua vida, é o futuro da humanidade. Como tenho certeza de que concordamos a respeito disso, e de acordo com a explicação que dei na apresentação, peço licença para iniciar a obra com uma reflexão sobre duas questões, o que aconteceu com o mundo e o que acontece com a gente, enquanto esses indesejáveis eventos ganham forma.

Não temos o poder de mudar o mundo ou amainar a dor de quem sofre. As tragédias surgem e nos deixam impotentes, assistindo ao problema do outro que mora a milhares ou dezenas de quilômetros da nossa casa.

Se tivesse tal poder, qualquer ser humano entraria na Boate Kiss para apagar o fogo em tempo hábil de salvar as vidas perdidas.

Vista-se de si

Se pudesse prever, qualquer ser humano iria até o município de Mariana, para avisar sobre a barragem que se romperia.

Se pudesse imaginar, qualquer ser humano iria até a Ásia, meses antes da COVID-19, para alertar as autoridades competentes a respeito da chegada de um vírus; de uma doença que partiria dali, nas mãos e malas de passageiros ou tripulantes, até alcançar o mundo.

São esses condicionantes, os "se's", que nos deixam atônitos e impotentes diante da força devastadora que têm as tragédias.

Por outro lado, temos o poder da comunicação, da influência, da motivação, da inspiração, da imagem e do comportamento. Combinando-os, podemos nos ajudar e apoiar a quem precisa.

A sociedade sentiu o baque e para nós, eu e as consultoras da metodologia *Vista-se de si*, também foi uma dura realidade a enfrentar. De início, nossas clientes ficaram apavoradas.

Assim como as autoridades têm o papel de acalmar a população, nós ficamos incumbidas de apoiar a mulher que confia em nosso método, pois esta mulher precisava continuar a viver, a trabalhar, a apresentar a sua missão de vida ao mundo que seria reconstruído durante e após o trauma.

Algumas clientes de nossas relações trataram de adotar o desânimo assim que esse terrível sentimento bateu em suas portas. Diziam que agora ficariam em casa e não precisariam mais pensar na questão "vestir-se de si", como se a escolha das peças que simbolizam e projetam a sua imagem para o mundo se resumisse à roupa.

Nos próximos capítulos, há de ficar claro para a leitora que vestir-se de si é apropriar-se da vida, das emoções e dos comportamentos; é a maneira como mostramos ao mundo o que e quem nascemos para ser, é o direito de fazer a gestão do futuro que desejamos, no lugar de aceitar qualquer futuro.

Por enquanto, deixe-me contar um pouco mais do período que será o assunto das próximas décadas, a pandemia, tema de pesquisa das monografias dos jovens estudantes de amanhã.

As consultoras do *Vista-se de si* trouxeram a queixa de que várias clientes ficaram "de mal" com o *closet* e o espelho, desistindo da imagem que um dia sonharam projetar, abrindo mão do que imaginaram para si. Eu me recordo do que pensei, na época:

Gente, elas estão achando que se vestem para os outros. Ainda não perceberam que vestir-se de si significa, num primeiro e absoluto momento, vestir-se para si.

Com esse pensamento firme em mente, telefonei para cada cliente para mostrar que, mais do que nunca, seria importante continuar a vestir-se de si, para esclarecer que *home office* é um estilo de trabalho e não uma credencial para trabalhar com o pijama velho que não nos representa.

Aos poucos e com bastante esforço, consegui mostrar a cada cliente que a metodologia seria uma aliada fundamental para superar os dias tempestuosos. Tive êxito ao sugerir que era o momento de a mulher pensar em si, vestir-se de si e para si, olhar para dentro dela, até encontrar a guerreira que estava ali, naquele tempo sagrado, o corpo.

Não existe ponto positivo em uma pandemia que tira a vida das pessoas. Porém, o aprendizado que as nossas clientes tiveram deu-se no sentido de perceberem que a roupa gera uma experiência íntima. Em seguida, a partir do contato psicológico com a peça, do efeito emocional que o *look* proporciona, é que a roupa comunica aos outros aquilo que desejamos comunicar, a imagem que desejamos projetar e estabelecer diante da nossa missão de vida.

A comunicação não-verbal é uma ferramenta de *marketing* pessoal e a roupa que escolhemos para a missão diária reflete a qualidade dessa comunicação, que precisa ser eficiente para mostrar o que fazemos e queremos do mundo, sem suscitar dúvidas, tal qual os variados exemplos que a leitora poderá conferir nos próximos capítulos.

Tivemos cliente que relatou aproveitar o *home office* para relaxar e vestir-se de qualquer jeito, em vez de organizar a agenda dos *looks* de acordo com a agenda e os tópicos da realidade que estava vivenciando (adiante, explicarei detalhadamente o que é, e como ter uma agenda de *looks*). Duas perguntas servem para indicar o provável resultado da atitude temerária, adotada por algumas mulheres.

1. **Uma reunião *on-line*, em que seria discutida a aquisição de um serviço que salvaria a empresa, teria bom efeito se a empresária estivesse vestida de qualquer maneira?**
2. **Não seria justo afirmar que "qualquer roupa" pode resultar em "qualquer resultado"?**

Cada cliente foi entendendo que o mundo enfrentava uma das maiores crises da história recente da humanidade e a boa nova é que, agora, as mulheres passavam a entender o seu papel nisso, a compreender o que poderiam fazer para garantir bons resultados enquanto a economia mundial procurava o eixo, a passos lentos.

Vista-se de si

Ainda que a reunião de trabalho aconteça por telefone, é preciso ficar claro que não podemos estar vestidas de pijamão. Ainda que o interlocutor não nos veja, a roupa adequada credita intimamente o poder, a autoridade e a segurança de que precisamos para encontrar excelentes resultados.

Em um primeiro momento, uma das clientes duvidou disso. Para convencê-la, propus a experiência, a boa e velha prática que dispensa especulações.

Durante o regime de *home office* ditado pela reclusão social típica daqueles dias, sugeri que ela se vestisse de qualquer maneira para trabalhar em casa. Recomendei que, no outro dia, usas*se u*m *look* de acordo com a escolha que ela deveria fazer sob o amparo da metodologia *Vista-se de si* (tal escolha prevê critérios técnicos e emocionais, que serão explicados adian*te).*

O feedback da cliente foi contundente. Ela nos disse que, ao vestir-se de si, sentiu-se mais confiante para as reuniões e os negócios que estava concluindo. Relatou ainda que se sentia perdida e hesitante ao trabalhar em *home office* com qualquer roupa, mas sentiu-se firme quando usou a roupa escolhida com a ajuda do método, sendo que a hesitação foi embora e os resultados aconteceram com espontaneidade.

Fizemos isso com cada mulher, mostramos que deveríamos cuidar de nós durante o período pandêmico, partindo de um pressuposto simples: quem está bem, consegue bons resultados e estar bem é um processo químico-hormonal, comportamental e psíquico, que passa pelas emoções antes de qualquer sentimento lógico.

Se estamos cientes disso, faz sentido zelar pela autoestima, definir uma roupa que represente a nossa imagem para aquele dia ou compromisso, aquela tarefa ou missão.

Aquela cliente que, em um primeiro momento resistira a vestir-se de si em tempos de pandemia, agora convencia as outras sobre a necessidade de continuar cuidando de si.

"Atraímos aquilo que expressamos de nós para o mundo. As ideias, o comportamento e as ações, portanto, precisam de uma imagem bem-projetada em relação ao que desejamos transformar em realidade".

As clientes passaram a semear e aplicar cada pilar da metodologia *Vista-se de si* em casa, e colheram frutos surpreendentes. Disso, podemos extrair várias percepções, começando pela crença equivocada de que "mulher se veste para outras mulheres" ou que "mulher se veste para os outros e não para ela".

Vista-se de si

Estar e sentir-se bem são ações pessoais. É no espelho que a autoestima se constrói, a determinação se firma, a disposição de lutar aumenta.

Vestir-se de si em um conceito de *home office* é a garantia de manter-se preparada para os incontáveis desafios, pois não podemos mudar o que acontece no mundo, mas temos total poder sobre aquilo que acontece dentro de nós, alimentando emoções e hormônios saudáveis, no lugar de sermos reféns de hormônios estressores e emoções nocivas, como o cortisol e o excesso de ansiedade, que resultam em tristeza e depressão.

Perceba, então, que a metodologia *Vista-se de si* é um processo de etapas e está longe de simbolizar só a escolha de roupas, como ficará clarificado em cada capítulo.

Durante o processo de pandemia, a metodologia ajudou muitas clientes a encontrarem o seu eixo, a lidarem com o espelho do corpo e da alma, a explorarem as possibilidades que as deixavam felizes em termos de imagem. Este é o poder da roupa que faz a mulher feliz: mulher plena não aceita qualquer coisa, qualquer resultado.

Como tudo que é bom e faz feliz tende a ser indicado, passamos a ser procuradas para consultorias *on-line*, com um volume de consultas nunca testemunhado. Isso nos deixou satisfeitas, principalmente a mim, que idealizei o

Vista-se de si. Estava vendo a prática das teorias e das ideias que um dia tracei e imaginei, colhendo os frutos do esforço para ver a mulher brasileira tão feliz quanto merece.

Eu, que transitava entre as experiências presencial e digital como mentora de várias mulheres, passei a atender de acordo com a recomendação das autoridades, 100% *on-line*. A experiência trouxe uma lição que gostaria de compartilhar.

No lugar de descabelar-se e queixar-se da vida, precisamos de movimento constante. Nós, mulheres, temos imenso potencial para resistir e vencer diante de crises, mudanças ou incertezas, mas precisamos do melhor que está dentro de nós.

Só o melhor importa. Se vivemos tempos em que precisamos trabalhar *on-line*, temos condições de dar o nosso melhor para enfrentar a situação como se estivéssemos em contato presencial. Se a vida nos convida a agir de uma maneira totalmente diferente daquilo que praticamos há anos, temos resiliência de sobra para transformar o que exigir metamorfose, alterar o que não pode continuar igual e romper qualquer limitação, desde que, insisto, façamos o melhor. Logo, cabe refletir que a máxima qualidade precisa da imagem que a represente, através da qual mostramos a nós e ao mundo do que somos e fomos capazes.

Vista-se de si

Escutei muita gente falando a respeito de adaptação em várias áreas da vida e do trabalho. Sim, concordo que precisamos nos adaptar, por exemplo, a ajudar os filhos na plataforma da escola com as aulas *on-line*, a lidar com rotinas domésticas, dada a ausência das profissionais, que também ficaram em isolamento. Tudo isso pode e deve ser classificado como adaptação. No entanto, o assunto vestir-se de si não requer só uma adaptação, ao contrário, é uma oportunidade de fazer algo positivo e agregador pela pessoa mais importante de sua vida, você.

As mudanças que a pandemia trouxe nos fizeram trabalhar na agenda da cliente por período, diferentemente do que antes fazíamos, que previa trabalhar na agenda por dia.

Da perspectiva que vai do diário ao periódico, é um remédio que dá para encarar, frente aos resultados advindos. Bastou mudar uma chave, transformar uma ação e os resultados de nossas clientes passaram a ser tão ou mais expressivos do que conquistavam antes do surto que afetou o mundo. Em vez de traçar a análise dos dias cheios, enxergávamos frações, períodos do dia.

É disso que se trata. Não podemos mudar o universo macro, porém estamos prontas para recriar o universo micro que cada uma de nós representa, dado o fato de que toda mulher é um universo de descobertas e possibilidades.

Conseguimos ajudar nossas clientes a organizarem sua agenda periódica, de acordo com a nova realidade que a vida propôs a cada uma. Exceto pelo período em que todas ficaram confusas, logo no início da pandemia, não encontramos nenhuma mulher que tivesse objeções. Pelo contrário, testemunhamos um forte grupo decidido a continuar em busca dos sonhos projetados, nos quais cada mulher continuou a se empenhar para mostrar ao mundo a própria imagem, que antecedia a descoberta e a conquista desses sonhos.

Ficamos felizes ao constatar como a mulher aprendeu, em pleno auge da pandemia COVID-19, a vestir-se de si e, como benefício dessa satisfação pessoal, a ter a vontade natural de escolher um *look* para jantar com o marido, transformando uma ocasião doméstica em evento.

O que essa mulher conseguiu, e desejo que você também consiga, foi "jantar fora" ao lado de quem ama, mesmo sem sair de casa, deixando o aprendizado de que o nosso corpo pode estar em isolamento social, mas a mente de quem sonha pode ir a qualquer lugar, a qualquer hora.

Isso é vestir-se de si: tomar conta da situação, usar a roupa que projeta novas realidades. Pois convenhamos, usando qualquer roupa, cabelos e unhas, ninguém consegue organizar um jantar romântico ao lado de quem ama.

Vista-se de si

A mente de ambos exige mais que isso, os olhos querem ver algo diferente, pratos incomuns, fragrâncias novas, roupas que ampliam a beleza e destoam das peças rotineiras.

Esses tempos cruéis ditaram regras, a partir das quais as emoções se abalaram, o que é perfeitamente compreensível. Para avançar, só mesmo com injeções diárias de autoestima, com um sorriso verdadeiro no semblante, com um reflexo convincente que projeta no espelho a imagem da pessoa que não aceita ter sua vida sequestrada pela infelicidade.

Sim, tivemos, temos e teremos que enfrentar muita coisa, mas sempre de cabeça erguida, felizes pela chance diária de continuarmos vivas e, que assim seja, saudáveis.

A maioria das mulheres que está conosco, que pratica a metodologia, continuou a vestir-se de si, a cuidar de sua imagem e isso fez toda a diferença, de acordo com o que as próprias relataram. Pensando nisso, tenho uma sugestão a registrar.

Ao trabalhar em *home office*, ainda que seja tentador marcar todas as reuniões por telefone e, dessa maneira, vestir-se de qualquer jeito, agende compromissos que permitam áudio e imagem. A estratégia permitirá que você continue a zelar pela imagem que apresenta aos clientes, fornecedores, parceiros, ao mundo, enfim.

Não se esconda atrás do telefone ou de reuniões digitais em que o áudio é liberado e o vídeo, desligado. Familiarize-se e tenha bom relacionamento com a câmera, mostre-se, projete-se, adéque-se a um mercado que já mudou. É um momento de estarmos próximas das pessoas e, ainda que não exista a possibilidade de apertar as mãos ou dar um abraço, a distância nunca vai impedir um sorriso verdadeiro e cativante, um olhar sincero e comprometido.

Do lado de cá, no *Vista-se de si*, nós também reaprendemos a lidar com a situação e uma de nossas ações foi ensinar a mulher a gravar vídeos, a apresentar sua imagem digital de uma forma que fizesse jus à sua verdade, à naturalidade que ela carrega.

Assim, gradativamente, vamos criando uma nova realidade que nunca será igual porque cada mulher carrega demandas específicas no trabalho e na vida íntima. Sejam quais forem as suas, o *Vista-se de si* está aí, pronto para ser usado sem moderação.

Antes de adentrar nos detalhes da metodologia que apresentarei em cada capítulo, por último compartilho uma lição: a vida não parou.

Temos bons exemplos que nos inspiram todos os dias. No mundo inteiro, a mulher está se reinventando, resgatando a criatividade para cumprir seus propósitos, usando as mídias sociais para preencher o buraco que a falta de convívio presencial deixou.

Com tudo isso, acha mesmo que faria sentido abaixar a cabeça, ceder à adversidade?

Eu tenho certeza de que a sua resposta é "não". Por isso, vou deixar uma relação de dicas extraídas das experiências e dos relatos de clientes do *Vista-se de si*, que aprenderam a viver e conviver com o COVID-19, sendo que a maioria continua em busca da missão de vida e dos sonhos.

Espero que essas pequenas orientações façam grande diferença em sua vida, tal qual tem feito a todas nós, inclusive a mim. Juntas, continuamos a alimentar um pensamento central: vista-se de si, pois o restante, a gente vai conquistando dia a dia.

Eis as dicas:

- **Erga a cabeça, busque a força interior para equilibrar razão e emoções. Procure exemplos positivos e vitórias. Não se permita guiar apenas por aquilo que a mídia diz, pois o foco da imprensa é a notícia negativa;**
- **Faça como as mulheres que, em vez de lamentar, estão aproveitando o momento para explorar descobertas a respeito do autoconhecimento,**

para ler, participar de cursos *on-line*, absorver novas experiências;

- Dê o máximo de si no trabalho e fuja da lei do mínimo esforço. Teve gente que aproveitou a pandemia para adiar sonhos, reduzir expectativas produtivas e fazer as coisas sem capricho, naturalmente culpando as circunstâncias quando o resultado não chegou. Oriente-se por meio do exemplo de quem continuou a agir com o mesmo empenho de sempre, pois o futuro de sonhos pertence a quem veste-se de si e isso inclui "vestir-se" das atitudes nobres;

- A vida não tem manual. Com ou sem pandemia, as atitudes de hoje se mostrarão mais ou menos assertivas no futuro. Contudo, a pior decisão que pode existir é "nenhuma", por medo ou incerteza. Não caia na armadilha de ficar em cima do muro, pensando se deve ou não fazer isso e aquilo. Decida, com a voz ativa de quem aprendeu a mostrar ao mundo a imagem da pessoa que busca aquilo que acredita, com ética e paciência, até obter;

- Durante a pandemia, incontáveis ofertas de curso *on-line* estão disponíveis por um investimento abaixo do que seria o curso presencial, além de outra vantagem, no sentido de que a maioria dos profissionais acaba entregando mais do que o combinado para compensar a falta de contato próximo. Ou seja, é um excelente momento para aproveitar e investir no único bem que ninguém pode tirar de você, o conhecimento;

- Em *home office*, todos os dias estamos no mesmo lugar. Procure fazer penteados diferentes, cuidar da pele, zelar pelas unhas. Assuma os cuidados – ou aprenda, caso ainda não saiba – que, respectivamente, seriam delegados ao cabeleireiro, ao esteticista e à manicure;

- Muita gente não encontra a plenitude justamente porque procura encontrá-la no outro. Aprenda a ser feliz com e para você, que é a proposta central do *Vista-se de si*. Depois disso, compartilhe a plenitude que encontrou com aqueles que ama;

- *Vista-se de si* por diversos ângulos. O livro que está diante de seus olhos vai mostrar tudo o que você precisa saber a respeito da "parte física" de vestir-se e da "parte emocional" de vestir-se, o

> **comportamento.** Só para resumir um pouco do que você vai acessar nas próximas páginas, deixo uma orientação. Dispa-se do estresse, da impaciência, da prostração e do pessimismo. Vista-se de alegria, entusiasmo, autoestima, bom humor e sonhos.

Agora, penso que "municiei" você, leitora, para a resposta que abriu o capítulo: *quem é você, enquanto o mundo muda?*

Ao mesmo tempo que o mundo procura uma receita química, uma vacina que nos defenda, ofereço a blindagem emocional da metodologia para o enfrentamento de dias tão duros. Faço votos de que se mantenha bem e saudável, pois a doença será vencida e o nosso futuro vai continuar a galope.

Conforme prometi, chegou o momento de mergulhar de cabeça no método *Vista-se de si*. A apresentação e o primeiro capítulo tiveram os objetivos de motivar, inspirar e convidar você a dar o mais prazeroso dos mergulhos, aquele que vai adentro, que investiga e descobre os melhores potenciais, aqueles que ainda não foram usados e estão adormecidos, além daqueles que você nem sabia que possuía. Vista-se de tudo isso porque você merece e seja bem-vinda ao novo mundo de boas possibilidades, escolhas e vitórias!

Capítulo 2

Capítulo 2

Coerência entre o método e quem eu sou

Um dia, aos nove anos, Lavínia disse algo comovente, que mexeu com a minha estrutura de mãe e mulher.

— *Mamãe, você tá cuidando de todas as suas clientes, mas tá esquecendo de mim!*

Foi naquele dia que o método *Vista-se de si* ganhou mais força em minha vida, já que uma das buscas da metodologia é encontrar o melhor que existe em você, a sua versão suprema. Nesse sentido, acabei por descobrir que a minha imagem de mãe não estava bem representada aos olhos do pequeno ser mais importante de minha existência, a minha filha.

Mais do que isso, Lavínia tinha sido diagnosticada com dislexia. Fizemos um longo trabalho de acompanhamento com médicos, psicopedagogas e professoras particulares. Nada adiantava. Foram quatro anos de tratamento, sem resultados expressivos.

A compreensão de Lavínia se mostrava correta. Antes da "justa bronca" que me deu, eu a acompanhava em tudo, mas não por inteiro. Uma parte de mim ficava com ela; outra, atendia clientes no celular, falava com as pessoas da equipe, resolvia tudo a qualquer instante.

Depois do dia em que Lavínia me abriu os olhos, passei a acompanhar cada passo. Em quatro meses, minha filha evoluiu o que não conseguira em quatro anos. Descobrimos, ainda, que não tinha dislexia. O diagnóstico estava errado desde o início.

Mostrei a Lavínia que era importante acompanhar tudo, me desculpei por dividir um tempo que deveria ser totalmente dedicado a ela. Celebramos grandes resultados com a mudança.

Comecei falando de mim para mostrar que, dentre nós, autora e leitora, não existe uma posição vertical. Não me vejo acima de nenhuma outra mulher. O meu objetivo, ao iniciar o livro com uma confidência tão íntima, é mostrar que estamos niveladas.

Não acredito muito em certo ou errado. Prefiro entender que a minha imagem materna precisava de uma revisão urgente e foi o que fiz. Não demorou nada e corrigi os meus rumos de mãe, voltando a ser a melhor amiga de minha filha, que passou a ter uma vida mais feliz.

Primeiro, o método mudou a minha vida. Só então, com a certeza de que funcionava, decidi que era chegada a hora de oferecê-lo ao mundo. Eu sei que cada mulher carrega suas dores e aquela história de *"eu imagino o quanto isso te dói"* pode até ser uma frase gentil, mas o fato é que só quem passa pela dor conhece sua profundidade.

Não é segredo algum que, ainda crianças, formamos caráter, estilo, personalidade e imagem. Em 1990, eu vivia a minha mais ingênua infância, época em que escutei algumas coisas que, no futuro, se refletiriam em minha imagem, na maneira que me vestiria, na minha comunicação verbal e não-verbal.

Passei boa parte da infância com os avós maternos. Um dia, não por maldade, mas com uma naturalidade de quem comunica que vai comprar um pãozinho na padaria, minha avó contou algo que mexeu com a emoção de uma criança e teria efeito bastante tempo depois.

— *Você quase morreu depois do parto, Jhanne. Ficou sete dias na incubadora. Ficamos muito preocupadas. Quem segurava a máscara de oxigênio era eu e você só sobreviveu por minha causa. Nem o médico acreditava mais que você sairia dali com vida.*

Criança sabe imaginar melhor do que adulto.

Uau, eu venci a morte. – foi o que a minha cabecinha de criança pensou, construindo toda a cena.

Prestes a me recuperar do baque, minha avó decidiu rememorar outra coisa daqueles dias.

— *O seu pai quase nem aparecia, não queria saber de você.*

Se os pais são verdadeiros heróis para os filhos, os meus não eram exceção. Assim eu os imaginava. Mas a imagem de herói que eu poderia ter mantido do meu pai foi se desconstruindo dentro de mim. Uma sensação de abandono se refletiu em minha vida naquele dia.

Poxa, comprei o livro esperando que a autora fosse me ensinar técnicas para vestir bem e, logo no início, ela desanda a falar da própria infância. O que uma coisa tem a ver com a outra?

Caso tenha pensado isso, posso perfeitamente entender e explicar. É que a metodologia *Vista-se de si* é feita de dentro para fora, prioriza as emoções e se baseia no dueto *imagem* e *comportamento*. Antes de pensar no estilo de vestir que cada mulher tem e adota, nas roupas que transmitirão a nossa melhor imagem em cada área da vida, é preciso entender que somos feitas de carne, sangue, músculos, ossos, artérias, água, nervos e emoções. Toda a nossa composição física e química é importante para que o corpo e a mente funcionem, mas as emoções ditam o bom ou mau andamento de tudo, até da saúde física.

Explicado o motivo que me faz viajar até a infância antes de oferecer as soluções do método, peço permissão a você, leitora, para concluir, pois a minha experiência talvez inspire a sua evolução.

Eu me lembro que, aos 9 anos, durante um final de semana na casa da avó, um amigo dela fez um elogio.

— *Que menininha linda! É netinha de vocês?*

Minha avó confirmou. Fiquei toda feliz por ter escutado o elogio. Mas, em seguida, minha avó jogou um balde de água fria.

— *Sim. Mas bonita mesmo era a outra neta, que é desse tamanho assim, ó!* – e com a mão estendida para o alto, fez o gesto mostrando a altura de minha irmã.

Será que eu sou feia? – pensei.

Um conflito se formava porque minha mãe e suas amigas elogiavam minha beleza. Porém, sempre havia um episódio ou comentário que me deixavam para baixo. Eu, que carregava a sensação de abandono por estar onde não queria, passei a carregar também o sentimento de rejeição.

No futuro, me transformei em uma mulher insegura. Eu me olhava no espelho e só via a imagem refletida, enxergava o que estava fora sem ver o que estava dentro, via as roupas, via um corpo bonito, mas não me via por inteira.

Recuperei a imagem quando dei novo significado a todos esses acontecimentos e apliquei em mim o *Vista-se de si*, que possibilitou descobrir quem eu sou. O dia decisivo foi 25 de outubro de 2007, data importante em minha vida, em que me senti renascida para o mundo.

Caminhava pela rua, após o emocionante momento de meu batismo, testemunhado por uma multidão. Eu estava saindo com a roupa molhada nas mãos. Não tinha ninguém das minhas relações próximas para registrar uma foto daquele momento tão importante em minha vida.

Na saída do espaço que sediou o evento, encontrei um vendedor de bombons, que nunca tinha visto em minha vida. O homem olhou bem nos meus olhos e disse:

— Coisas divinas estão mudando a sua história, moça!

O homem se retirou do mesmo jeito que apareceu. Eu simplesmente não o conhecia, mas sabia que Deus estava mudando a minha história. Foi um dos sentimentos mais lindos que já tive.

De todo modo, com um porquê específico, a fé, acreditei naquele homem. Já havia decidido assumir uma nova imagem que projetasse para as pessoas aquilo que eu gostaria para mim. Isso só fortaleceu minha decisão.

Mandei para longe a insegurança e passei a acreditar numa afirmação poderosa: aquilo que está no coração se reflete em sua imagem.

Pude me perdoar por ter permitido que as palavras e comportamentos de pessoas que amo me ferissem. Entendi que não dá para ser feliz e carregar mágoa, são duas coisas que não andam juntas.

Nasce aqui um primeiro pedido meu, de autora para leitora, antes que continue a leitura.

> *"Aprenda a perdoar às pessoas e as situações, ainda que, para isso, a pessoa a ser perdoada seja você."*

Vestir-se de si quando a única vestimenta emocional possível é a amargura? Não, de jeito nenhum. *Bora* perdoar o que e a quem você tiver para perdoar, porque nada é mais libertador.

A vida seguiu seu curso e, muitas primaveras depois, a menininha insegura deu lugar a uma mulher que se reencontrou, estudou no Brasil e no exterior, trabalhou bastante para desbravar um método, até vencer como consultora de imagem. Agora, a menininha era mulher, mãe e, cheia de responsabilidades, tinha como propósito de vida influenciar o comportamento de centenas de milhares, com o desafio de ajudar a sua semelhante a apresentar a melhor imagem em cada área da vida.

    Enquanto a prosperidade chegava a todas as áreas da vida, minha avó teve câncer. Numa hora dessas, a gente não fica pensando que não é a neta preferida. Acompanhei minha avó em todas as consultas. Na hora da cirurgia, fui eu que estive ao lado dela, segurando aquelas mãozinhas delicadas e castigadas pelos anos e pela doença.

    Na mesma época, meu pai, sumido há muito, apareceu e, coincidentemente, estava no mesmo hospital, cuidando do meu tio. Algo típico dele: assumir a responsabilidade de cuidar do outro. Em meio àquela dor, marcava-se ali um recomeço. Cinco anos depois, passava o primeiro dia dos pais ao meu lado. Só então percebi que meu pai carregava dores que só ele poderia dimensionar. De tudo, ficou um aprendizado:

> *"Quanto mais reconhecemos a dor do outro, maior é a capacidade de perdoar."*

    Meu pai ficou feliz demais por passar alguns dias comigo. Eu também adorei. Retirei outra lição dessa história. Percebi que, se eu não tivesse semeado e assumido a responsabilidade de neta, independentemente do relacionamento com minha avó, não teria colhido da vida o presente de me entender com meu pai. E, se meu pai não quisesse me encontrar nunca mais, também continuaria feliz porque entendi que os sentimentos de abandono e rejeição eram roupas que nunca mais usaria quando fosse "*vestir-me de mim*". Felizmente, consegui uma imagem adequada, assumindo cada uma dessas responsabilidades.

Entre outras coisas, isso é *vestir-se de si*: assumir e cumprir as responsabilidades; faz com que as pessoas vejam em nós aquilo que desejamos que seja visto.

Ao longo do trabalho, vou abordar várias situações que envolvem os dois jeitos de *vestir-se*: com as emoções e os *looks*, pois é dessa mistura de emoções e estilos que somos feitas. Por isso, não adianta pensar só em roupa, acessório ou maquiagem.

Como tudo na vida, há um começo e o *Vista-se de si* também tem assim uma espécie de marco zero, um início de tudo. Vamos a ele!

Capítulo 3

Capítulo 3

Como funciona o método Vista-se de si

Não existe médico que dê um passo sequer para curar o doente antes do diagnóstico completo, dos exames que mostrem a realidade do paciente. Por isso, podemos dizer que os médicos sérios não saem por aí aviando receitas só com base nos sintomas apresentados.

O *Vista-se de si* é um método que prioriza o mesmo senso de responsabilidade. O primeiro passo é verificar a realidade presente, por meio de várias perguntas a respeito da vida da cliente (diagnóstico).

A entrevista permite compreender e não interpretar as necessidades e desejos da cliente. Nosso papel consiste em tornar a cliente independente em relação a sua imagem, para que ela aprenda conosco e não dependa de nós.

O *Vista-se de si* oferece ferramentas, perguntas e técnicas para que a cliente descubra as próprias conclusões, posto que a metodologia não é uma fábrica de respostas, mas uma poderosa ferramenta formada por etapas, processos, prática e acompanhamento.

> *"Vestir-se bem é o resultado que você tem, quando descobre quem você é."*

Trata-se de uma questão profunda. Eu sei que existem diversas consultorias de imagem e cada uma delas tem o seu fundamento, o seu propósito. No caso de nossa metodologia, priorizamos os valores da cliente, validamos a descoberta de quem ela é, que estilo carrega e como se sente.

Juntas, passamos pelas fases de investigação, reflexão e conscientização; autoconhecimento, estilo, descoberta de potencialidades e pontos a melhorar; aumento da consciência a respeito da realidade; responsabilização e comprometimento com as mudanças; estrutura e foco; até alcançar os resultados realistas. Ou seja, é um processo completo, que vai da identificação de um ponto talvez indesejado e atual, até outro ponto, baseado naquilo que a mulher deseja, na imagem que deseja ver formada de si.

Feito isso, definem-se os objetivos da nova imagem que pretende projetar e se providencia o caminho que vai da imagem desejada até a imagem projetada, identificando-se o estilo predominante e o estilo de apoio, estabelecendo os passos para o alcance do objetivo de imagem traçado.

A rotina da cliente acaba por mostrar à nossa equipe como andam seus resultados, quais são as necessidades e as dores.

Em busca da nova imagem, há ganhos em relação ao poder pessoal, mandando para longe as dúvidas, as vulnerabilidades, as dificuldades de tomar decisões em favor dos sonhos pessoais ou da carreira.

A mulher alcança mais autonomia e obtém significativa melhora da autoestima, além de um "*upgrade*" no autoconhecimento, fortalecendo o compromisso com aquilo que deseja. E, acredite, escolhas desfavoráveis em relação à imagem resultam em dores diversas. Por exemplo:

No trabalho, a roupa que desfavorece há de atrapalhar os planos de ascensão profissional. Na vida íntima, roupa escolhida sem critério, comportamento agressivo, tons de maquiagem que desfavorecem podem esfriar a relação. Na vida social, a imagem que deseja transmitir também precisa passar pelas vestimentas, pela maquiagem, pelos acessórios e, sem dúvida, pelos bons relacionamentos. Por causa de tudo isso, cada etapa da vida é cercada por necessidades das quais ninguém deveria se eximir.

Vista-se de si

— *Jhanne, um dia eu fui do tipo "que se dane, visto o que quero e quando quero". Com o tempo, percebi que precisava rever essa forma de pensar.* – confidenciou Sara, uma cliente e empresária, muito querida, logo que começamos.

A resposta que dei serve para cada mulher. E só para constar, é válido dizer que as personagens que surgirão ao longo da obra são reais. Algumas identidades foram alteradas e ganharam nomes fictícios; outras, preservadas a pedido da cliente.

É claro que temos o direito de vestir o que desejarmos. Mas reflita, Sara: assumir uma imagem pessoal coerente com seu interior, respeitando seu corpo e estilo, sabendo fazer as escolhas necessárias e buscando harmonia através do autoconhecimento é a melhor maneira de utilizar a imagem pessoal como ferramenta de *marketing* em todos os momentos e situações que a vida apresentar. Devolvo a você com outra pergunta: quantas mulheres deixaram de conquistar o que desejavam porque não souberam apresentar a própria imagem ao mundo?

Sara deu um sorriso e disse o que pensava.

— *Há anos, Jhanne, venho sentindo um incômodo, sem saber ao certo a origem. Antes de te encontrar, fiquei acompanhando o processo da sua consultoria em outras pessoas, pelas redes sociais. Alguma coisa ficou martelando em minha cabeça e acabei descobrindo do que se tratava. Olhei para cada peça do meu closet e percebi que as roupas estavam lá, só que eu não. As peças que estavam à minha disposição não pareciam comigo. Por isso te procurei. Quero mergulhar no método!*

Sara deu o seu mergulho, com uma pequena diferença de compreensão. Ela imaginava que faria um mergulho na metodologia em si. Aos poucos, percebeu que o mergulho proposto pela metodologia é íntimo, uma imersão, uma viagem para dentro dela, a fim de investigar o que havia sido conquistado, o que faltava, quais sonhos a realizar. Desde então, os resultados de nossa cliente são cada vez melhores.

A bateria de entrevistas e análises mostrou a realidade de Sara. Uma vez confirmado o estilo dela (vamos mostrar como identificar o seu), o passo seguinte foi a análise de coloração pessoal, que visa descobrir quais tons se harmonizam com a pele de Sara e que estação ela representa. Nossa equipe a incluiu, como é feito com cada cliente, em um grupo privado, de acesso exclusivo, para o monitoramento. Por dez dias, Sara foi convidada a compartilhar suas escolhas, fotografando seus *looks* e, é claro, a explicar aonde ia com os trajes.

É uma etapa reveladora da metodologia, por isso aqui vão cinco questões que farão toda a diferença durante o processo.

Vista-se de si

1. Avaliar o guarda-roupa, resgatando peças que estão paradas, definindo *looks* para compromissos que a pessoa adorava, valorizando pilares da vida que estão sem atenção, fazendo composições de variadas formas, aproveitando da melhor forma todas as peças;
2. Se for o caso, fazer algumas visitas certas em lojas (não *shopping*-terapia, tampouco terapia de consumo desenfreado), mas visitas estratégicas para compor a nova imagem desejada e aproveitar melhor seu *closet*;
3. Saber o que gostaria de fazer no cabeleireiro, em vez de transferir a importante escolha ao profissional, ou copiar a referência da atriz, amiga ou pessoa pública;
4. Usar as cores em favor do semblante e da imagem, valorizando o poder da expressão comunicada pelo rosto;
5. Definir quais acessórios finalizam a harmonização conforme as necessidades, o estilo predominante ou de apoio.

Sara passou pelas etapas e, a cada exercício, ia se apaixonando. No começo, supunha que estava apaixonada pela metodologia *Vista-se de si*. Até que um dia, uma pergunta e vi os olhos dela marejando.

Sara, já pensou que, talvez, você não esteja apaixonada pelo método, mas por você? Um dos principais benefícios do *Vista-se de si* é esse resgate da autoestima e posso apostar que, diante de todas as pressões empresariais que enfrenta, não é nada fácil pensar em você.

Entre uma lágrima aqui e outra ali, ela abriu o coração.

— *Tem razão, Jhanne. É muita coisa nas minhas costas. Tem dias que não tenho tempo nem para os filhos e cheguei a ficar três semanas sem fazer as unhas, escondendo as mãos durante as reuniões, com vergonha.*

A realidade de Sara não é diferente do que experimentam milhares de mulheres, empresárias, empreendedoras ou colaboradoras de alguma empresa. Aliás, aproveito o tema para uma recomendação: uma cliente, amiga e mentora, Tathiane Deândhela, escreveu o livro *"Faça o tempo trabalhar para você"*. No caso de Sara, sugeri que investisse um tempinho para ler a obra, pois é possível encontrar tempo para zelar pela imagem que desejamos apresentar. Sem dúvida, faço a mesma recomendação para a leitora que está com o meu livro em mãos.

Avaliando o mesmo fator da queixa feita por Sara - o tempo - descobrimos que seu problema estava em outras áreas. Ela tinha dificuldade de delegar e, na infância, viveu uma privação danada. Resultado: concentrava em si todo o trabalho possível. Tinha um *closet* variado, comprava bastante para suprir as carências da infância e sua rotina trazia três momentos: a) vestia-se sem escolher ou refletir em nada; b) não sabia o que vestir; c) trocava de roupas várias vezes, achando que nenhuma ficava boa.

— *E o que você faz com o excesso de peças? Doa, descarta, vende?*

A resposta de Sara mostrou que teríamos muito trabalho pela frente.

— *Fiz uma reforma, emendei dois quartos e dupliquei o meu closet, mas está ficando pequeno outra vez e não me sinto bem com isso. Percebo que preciso mudar.*

Outra vez, Sara tem companhia no que faz. Comprar sem critério é uma tentação que surge das brilhantes e irresistíveis campanhas de *marketing* que vemos por aí. Algumas fixam em nossa mente a marca; outras, o modelo; aonde quer que vamos, lá estão as propagandas, deixando mensagens subliminares: compre, compre, compre.

— *Sara, você por acaso consegue identificar em quais momentos surge essa vontade que resulta nas compras em excesso?*

Ela olhou para baixo, fazendo uma espécie de diálogo interno, vasculhando seus cofres da memória. Alguns segundos depois, respondeu:

— *Nos momentos em que me sinto mais tensa, triste, ansiosa ou frustrada. Curioso você me fazer essa pergunta. Nunca tinha reparado, é verdade. Principalmente quando estou triste.*

De repente, ela deu a impressão de que se lembrava de algo mais.

— *Ah, Jhanne, tem outro momento em que saio a comprar sem freios: quando estou comemorando algum bom resultado nos negócios. Aí, menina, meu cartão até se treme na carteira!*

Para alguns, o comentário dela poderia até soar engraçado. Como meu propósito de vida é evitar essas situações, levei a sério, me compadeci e a convidei para ir de cabeça.

Vamos mudar esse quadro?

— *Bora!*

O objetivo de Sara era passar a imagem de empresária séria (tal qual a realidade), deixando as compras sem sentido e resgatando a área dos relacionamentos, pausada por ela há anos.

Tratamos de mudar aquele cenário. Sara conseguiu. Se ela, que chegou a ter dois cômodos enormes para

Vista-se de si

armazenar sua roupa, deu conta do recado, você, que está com os olhos atentos no livro, também conseguirá mudar o que considera incômodo.

No passo a passo, Sara foi recebendo orientações diversas. Ficou encantada quando expliquei a análise que se concentra nas cores.

Uma vez que a luz "bate" na cor da roupa ou dos cabelos, essa luz reflete no rosto. É preciso existir harmonização entre essa cor e você. E, nesse caso, cabe validar às leitoras que não adianta generalizar e usar a famosa cartela de cores. Nem sempre, a cartela é suficiente para a melhor análise e a mais assertiva decisão.

O teste de Sara, aplicado em cada cliente, é tão cuidadoso que os cabelos são escondidos porque a maioria das mulheres aplicou química nas madeixas, o que pode afetar a análise, dada a coloração da tinta utilizada. Idem para o rosto, que é avaliado sob total limpeza, sem nenhuma maquiagem que comprometa os resultados. Por último, até um tecido de cor neutra é colocado sobre o busto, para que a coloração dessa área do corpo não atrapalhe a análise. Com todos esses cuidados, controlamos a temperatura do subtom da pele, a profundidade que facilita descobrir quais tons favorecem (se os mais claros ou mais escuros), a intensidade de favorecimento (se as cores mais opacas ou mais iluminadas) e o contraste (a diferença entre a pele e os demais elementos, como cabelos, sobrancelhas e olhos).

A meticulosidade não é à toa. Se o ser é único, os requintes e os detalhes do trabalho devem alcançar o *status* de exclusivo. Daí a importância de passar pela análise pessoal de coloração. É importante que as cores escolhidas estejam conectadas com a personalidade. Basta pensar para decidir: se as cores possuem o poder de abrir ou fechar uma comunicação, através de sentidos cerebrais inconscientes, por que abriríamos mão de algo tão poderoso?

Uma das maiores redes de alimentação do mundo, por exemplo, tem sua identidade visual em cores bem definidas, vermelho e amarelo. Observe, nem foi necessário mencionar a marca dessa poderosa franquia que faz sucesso desde 1955, McDonald's. O cérebro tem o registro inconsciente da informação.

Da mesma maneira que os franqueados da rede zelam pela imagem, todas nós merecemos zelar pela imagem pessoal que transmitimos ao mundo, cientes de que as cores representam boa parte dessa comunicação.

Reitero, nós levamos o tema das cores a sério porque conhecemos sua importância. Chegamos a preparar para cada cliente um dossiê que revela, entre outras informações importantíssimas de sua personalidade, de seu comportamento e estilo, a análise de coloração pessoal, mencionando as cores que a favorecem ou desfavorecem, revelando qual é a melhor harmonia entre cores e roupas, cabelos, maquiagem e acessórios.

— *Mas a cartela de cores não serve para padronizar o tom certo com a luz certa?* – quis saber Sara.

A resposta, para ela e você, é que primeiramente não existe *certo* e *errado*, existe o que tem harmonia e o que não tem. O ser humano merece ter a sua individualidade respeitada. O que serve para Sara nem sempre servirá para outra mulher, razão pela qual a cartela de cores não pode ser considerada regra absoluta. Nós a usamos em etapas específicas, levamos em conta critérios diferenciados, tons, acessórios. Usamos ainda o direcionamento para várias etapas: cabeleireiros, maquiagem, *closet*, *personal shopper*, acessórios e até decoração da casa, mas nunca como regra.

A minha cartela de cores, para exemplificar, pode ter alguma cor que não me favorece, mas que eu gosto e não abro mão. Ou pode ser que eu ame uma cor e ela não esteja em minha cartela de cores. É o que eu chamo de "cor de alma". Nesse caso, não preciso, nem devo me separar dela, dada a sua importância em minha vida. Sobre a cor que não favorece, posso direcioná-la para a parte de baixo do corpo, longe do rosto, como uma bolsa, pois essa cor é luz e, se ficar em contato direto, próxima ao semblante, vai potencializar imperfeições e esconder a beleza natural do rosto.

Nossa metodologia considera as cores um pilar importante na consultoria de imagem. Sara, quando estava começando, me fez um questionamento que se mostra até comum entre as clientes.

— *Jhanne, desde que passei a usar minha cartela de cores, as pessoas têm comentado que estou mais bonita, mais corada.*

Eu me lembro do que comentei.

— *Sara, cores são detectadas a partir do reflexo sob uma determinada luz. As cores que ficam próximas ao rosto podem esconder ou destacar imperfeições, olheiras, bigode chinês, cicatrizes, acnes, melasmas, marcas de expressão e outras particularidades. Se escolhermos com capricho e critério, a aparência é valorizada, gerando um aspecto saudável. Vamos deixar o seu rosto ainda mais harmônico, quando chegar à etapa de visagismo e, de quebra, buscar o benefício principal: comunicar algo que faça parte de seus objetivos.*

Sara adorou. Com o tempo, foi verificando que amava investir em descobertas. Uma nova empresária nascia e, com ela, um *case* se formava. Ela mesma disse, certa vez:

— *Jhanne, quanto mais eu me conheço e aplico o Vista-se de si, melhores são os resultados. Nos últimos quatro meses, os números da empresa melhoraram. Já me sinto mais confiante. Agora, só falta um namorado novo.*

— *E você já consegue verificar alguma mudança no seu comportamento como gestora?* – perguntei.

A devolutiva de Sara confirmou as expectativas.

— *Passei a entender que mereço delegar algumas coisas, principalmente a rotina operacional que assumi ao longo dos anos. Para você ter uma ideia, até algumas coisas de banco ainda dependiam de mim, pagamentos e programações financeiras. Na medida em que fui transferindo responsabilidades, sobrou um baita tempo para mim. Olha só essa etapa que estamos vivendo, nunca imaginei que um dia me permitiria fazer uma análise de coloração pessoal, consultoria de imagem. Isso para mim, até certo tempo atrás, seria um investimento impensável, pois não entendia minha necessidade. Estou adorando o lance de pensar na comunicação entre a roupa e as cores.*

Expliquei a Sara que a cor se harmoniza com a personalidade, por isso as cores têm prioridade na arquitetura, no ambiente de trabalho, nos restaurantes, nas peças publicitárias e nas roupas, incluindo nessa reflexão até os lugares em que precisamos viver e conviver, como a nossa casa e o nosso trabalho.

— *Tem uma cor que se destaca em mim.* – disse Sara, no início da etapa das cores.

Compartilho o que ensinei. Sem dúvida, foi só um ensinamento. A nossa metodologia tem um entendimento simples a respeito das preferências; o que é certo ou errado, o que pode ou não pode, não nos cabe definir ou criticar. Respeitamos todas as opiniões, nem por isso deixaria Sara sem resposta. O que eu disse para ela, agora transformo em reflexão.

"As cores não devem dar destaque, e sim harmonia para o semblante. Quando a cor tem mais realce do que a pele, a beleza se esconde e as imperfeições do rosto se realçam."

No início, em contato com essas abordagens pela primeira vez, Sara questionou se poderia pular essa etapa, por achar que, nas palavras dela, *"é muita coisa para uma mulher cuidar e se preocupar"*. Com o tempo, sempre ele, o sábio tempo, Sara foi percebendo a raiz de sua dúvida.

A preocupação por trás da preocupação era outra. Não é que Sara imaginava ser muita coisa para administrar. Ela foi praticando o autoconhecimento recém-conquistado, descobriu o motivo dessa preocupação oculta e me contou.

— *Jhanne, agora entendi. O lance é que eu não me sentia merecedora de tantos cuidados. Quando começamos, pensei "é muita frescura pra mim, gente". E hoje, penso diferente: "é muito carinho de mim para mim e eu mereço".*

Por essas variadas razões, considero Sara um dos nossos *cases*. Não apenas pelos resultados empresariais dela, que aumentaram bastante e sim pelas descobertas íntimas que a transformaram em uma nova mulher.

Tenho certeza de que você gostou da experiência de Sara e, antes de oferecer a ferramenta que vai facilitar a descoberta do seu estilo, quero dar um pouco mais desse tema, a coloração, tão importante para projetar a imagem do semblante. A primeira que chega aos olhos de quem te ama, te contrata, te admira ou te conhece, no caso das experiências de primeiro contato.

As cores têm o poder de nos deixar mais jovens, saudáveis, belas e intensas. Ou podem nos deixar com o aspecto de cansada, de envelhecida. Então, vamos aos segredinhos!

Vou usar o meu cabelo para exemplificar. Você pode conferir a questão das cores que citarei a seguir em meu canal **VISTA-SE DE SI**, no *YouTube*.

O meu subtom de pele é frio e as minhas cores, intensas. Lembre-se daquilo que expliquei no caso de Sara, cor é fonte de luz. Por isso, a cor da roupa que cobre o colo, que é próximo ao rosto, tem influência e o mesmo acontece com os cabelos, pois, acima e abaixo, busto e cabelos são as fontes "vizinhas" de luz em relação ao semblante.

A tendência é que a cor dessa peça que cobre o colo ilumine o rosto. A dica, em vista disso, é optar por cores que nos favoreçam e têm harmonia com o subtom da pele, que descobrimos através da análise de coloração.

Outra dica é hidratar os cabelos com frequência, porque a variação das cores acaba quebrando as pontas. A isso, combino o tom da parte de cima do colo com a minha cartela de cores, recurso que amo e você também vai amar, assim que descobrir a sua. Particularmente, opto pelo recurso que considero mais prático, o método sazonal expandido, que tem 12 estações para a coloração pessoal, criado pela pesquisadora Suzanne Caygill. Porém não se engane, análise de cores não se resume a avaliar os tons das roupas, os cabelos, acessórios e maquiagem. Vai além disso.

As cores influenciam sentimentos, o que faz da cartela de cores grande aliada em várias etapas da vida. Lembre-se de Sara. Com o método *Vista-se de si*, usamos vários tecidos na análise de coloração dela. Esses tecidos definem se a temperatura é quente ou fria, se a profundidade é clara ou escura, se a intensidade é brilhante ou opaca. São tantos detalhes a favor da melhor imagem a representar todas as áreas da vida, que vale deixar uma pergunta:

— *É mais estratégico se conhecer minuciosamente ou fazer uma análise cromática simples e rápida, dessas que existem pela internet às dezenas?*

Podemos até comparar a outro setor:

Você prefere o cabeleireiro que tem uma agenda respeitosa, que se preocupa com cada ponta e fio ou aquele que "faz correndo", que atende por volume e está sempre de olho na próxima cliente da fila?

Espero, a partir desse e dos próximos capítulos, que você descubra o quanto é merecedora dos detalhes que incluem a sua imagem, que alcance os mesmos resultados atingidos por Sara. Para isso, nada melhor do que conhecer o seu estilo. É o que vamos fazer imediatamente!

Capítulo 4

Capítulo 4

Como identificar o estilo de cada mulher

Mimi Dorsey e Alyce Parsons marcaram a década de 1980. Ambas consultoras de imagem, propuseram a teoria dos estilos universais, levando em conta os critérios personalidade, comportamento e costumes.

Vamos começar pela explicação mais importante desse assunto. Não existe um estilo melhor do que outro. Cada mulher é um universo particular que reúne detalhes indecifráveis. O seu estilo tem a ver com as facetas da personalidade e conhecê-lo desperta o desejo de mudar situações incômodas. Darei vários exemplos de clientes que buscaram seus objetivos superando dores e incômodos.

É interessante identificar o seu estilo para compor seus *looks* com facilidade e praticidade, formando uma imagem bem representada de si, sem abrir mão da essência única que carrega em seu DNA.

Além do estilo predominante, aquele que se alinha à personalidade, ainda podemos utilizar outros como "estilos de apoio", o que significa que a mulher não precisa ficar presa aos detalhes do seu estilo.

Até para os negócios, existem vantagens em saber identificar estilos. No caso das vendedoras, parece incrível, mas algumas veem a cliente e não enxergam o que ela está vestindo, pois descem a loja inteira e não acertam sequer uma peça no gosto. É o famoso momento em que escuta a cliente dizer a frase que a turma das lojas não gosta.

— *Vou dar uma olhadinha por aí e, qualquer coisa, eu volto.*

Em seguida, acontece outro famoso pensamento, por parte da vendedora que não soube "ler" o estilo da cliente, nem se dispõe ao que é mais importante: dialogar com a cliente, para ter conhecimento de suas necessidades, saber com o que ela trabalha. Se possível, até acessar suas redes sociais e, com o tempo, conhecê-la melhor, para que exista a fidelização.

— *Ô cliente caroço, eu trouxe um monte de peças e a mulher não quis nada.*

Outra premissa que vale transmitir, antes de revelar os estilos, diz respeito ao olhar que direcionamos para outra pessoa, que resulta em alguns pensamentos comuns.

— Ai, eu não gosto do jeito que ela se veste.

— Por que esse exagero?

— Precisava desse decotão?

— Não sei para que tanta elegância só para ir a um restaurante.

— Para que tantas cores? A mulher parece um arco-íris.

— Nossa! Esse acessório deve ser da avó dela.

São pensamentos que não aprovam nem respeitam o estilo alheio. Cabe ressaltar que vestir-se é uma questão de personalidade e tal qual as impressões digitais, cada pessoa tem a sua.

"Precisamos quebrar essa crença de que mulher se veste para outras mulheres, para ser vista, aprovada ou invejada. Nada disso. Vestir-se de si é vestir-se para você, projetando e comunicando a imagem que você deseja transmitir em favor dos resultados que almejou para a vida. Logo, quem deve estar no centro de tudo é você, hoje e sempre."

Com o método *Vista-se de si,* tive a chance de testemunhar casamentos que se restauraram, mulheres que recuperaram a autoestima e dolorosos ciclos de tristeza chegarem ao fim.

Veja a situação de Olga. Uma vez, o marido disse que a via como "uma irmã", "uma companheira de confiança". E, pelo que ela disse, nos últimos tempos só cuidava da casa, dos filhos e do marido. Tinha deixado de mostrar a quem amava uma imagem de esposa apaixonada.

Vista-se de si

Olga passou pela metodologia, reconstruiu sua imagem, contratou empregada e babá para as crianças, abriu uma empresa e voltou ao mercado com a autoestima a mil. Bastaram alguns meses para que Olga e o marido estivessem a bordo de um avião, para viver uma segunda e merecida lua de mel num cruzeiro pela Europa. O que fez a diferença para Olga, de acordo com o relato dela, foi conhecer seu estilo, que era o elegante. Precisamente aí estava o problema. Olga tinha renunciado ao seu estilo e, no lugar de vestir-se de si, com a elegância que lhe era característica, usava "roupa de ficar em casa".

Perceba que a situação de Olga envolvia comportamento e imagem, os resultados vieram porque ela aceitou flexibilizar as duas questões. Nem foi preciso comprar quase nada. Os bons resultados obtidos vieram das combinações entre as diversas e belíssimas peças do *closet* de Olga, ociosas para dar lugar ao "pijamão da mamãe".

Outro caso inesquecível para mim foi o de Patrícia, que tinha perdido o pai e estava com dificuldade para lidar com o luto. Mesmo um ano depois da morte, uma tristeza profunda a arrastava lentamente para um processo de depressão.

No começo do processo previsto pela metodologia, Patrícia disse que só faria porque a tia pediu e pagou, assumiu que não botava a menor fé no resultado.

Meses depois, Patrícia dizia que ela e o método se tornaram amigos inseparáveis. Recobrou a autoestima e percebeu que tinha se esquecido de si para viver um eterno processo de luto, que chegou ao fim. Um dos passos cruciais para a virada desse estado emocional foi o contato com o seu estilo.

Significa dizer que o método traz a pessoa amada em sete dias e cura a depressão?

Não, sob hipótese nenhuma. O que o *Vista-se de si* permite é a oportunidade para que a mulher se conheça melhor, se reencontre com o espelho e reaprenda a apresentar sua imagem de acordo com os sonhos, desejos e objetivos de vida.

Olga e Patrícia superaram a dificuldade de acordo com a realidade de cada uma porque puderam se reconhecer, ter contato com o seu estilo, uma estratégia poderosa para aumentar a autoestima, formar uma blindagem e, através do autoconhecimento, saber como funcionam seus mecanismos de comportamento.

Antigamente, dizia-se "cada cabeça, uma sentença". Hoje, a partir dessa metodologia que visa conciliar imagem e comportamento em busca da qualidade de vida e da felicidade, podemos atualizar o dito popular e dizer "cada mulher, um estilo". Mais ainda, podemos dizer que algumas mulheres têm mais de um estilo, alcançando até dois ou três.

As referências de cada estilo demonstram o que a mulher considera mais relevante para si, para sua imagem, felicidade e realização pessoal.

Para concluir, antes de apresentar cada estilo para que encontre o seu, aí vai a última observação: cada estilo tem por base comportamento e imagem, hábitos e valores. Vamos a cada um deles. Se tiver dificuldade para encontrar o seu, no fim do livro estão os nossos contatos.

Estilo sensual

Aqui se encaixa a maioria das mulheres brasileiras, sensuais por natureza, cheias de energia, calorosas e donas de uma autoestima nas alturas.

É preciso separar os perfis. A mulher de estilo sensual não pode ser confundida com a que se veste de forma vulgar". Algumas empresas de consultoria até mudaram o nome desse estilo para "*glamour*", por conta da confusão que fazem com o estilo sensual. A primeira tem na sensualidade o charme, elemento que é parte do seu conjunto de comunicação. A segunda, ainda tem alguma coisinha a resolver de natureza psicanalítica. Em geral, passou por traumas, dores e acaba procurando ser vista, mostrando em excesso.

A autoestima é uma característica que resume bem a diferença entre ambas. A mulher de estilo sensual tem em alta a mulher que se torna vítima do *look* vulgarizado e tenta trabalhar a autoestima todo momento. Sem perceber, esconde sua beleza atrás das roupas e dos acessórios que aparecem mais do que ela.

Em última análise, a mulher de estilo sensual é segura, sabe usar a sensualidade em favor da imagem que deseja transmitir, é sedutora, influenciadora e chama atenção por onde passa.

Vista-se de si

Valoriza o corpo e prefere peças que marcam e acentuam bem a silhueta. Aprecia rendas, roupas curtas, decotes e transparências, acessórios que fazem barulho, correntes, metalizados e tons fortes como o vermelho.

Adora tecidos estampados, estampas de bicho, cores fortes e sandálias, em geral e principalmente, de amarrar nas pernas. Prefere *scarpins* altos, *peep toe*, brincos de argolas, brilho, franjas. Porém usa tudo isso sob medida, sem romper a fronteira invisível da vulgaridade.

E aí, acha que encontrou o seu? Leia os demais para ter certeza.

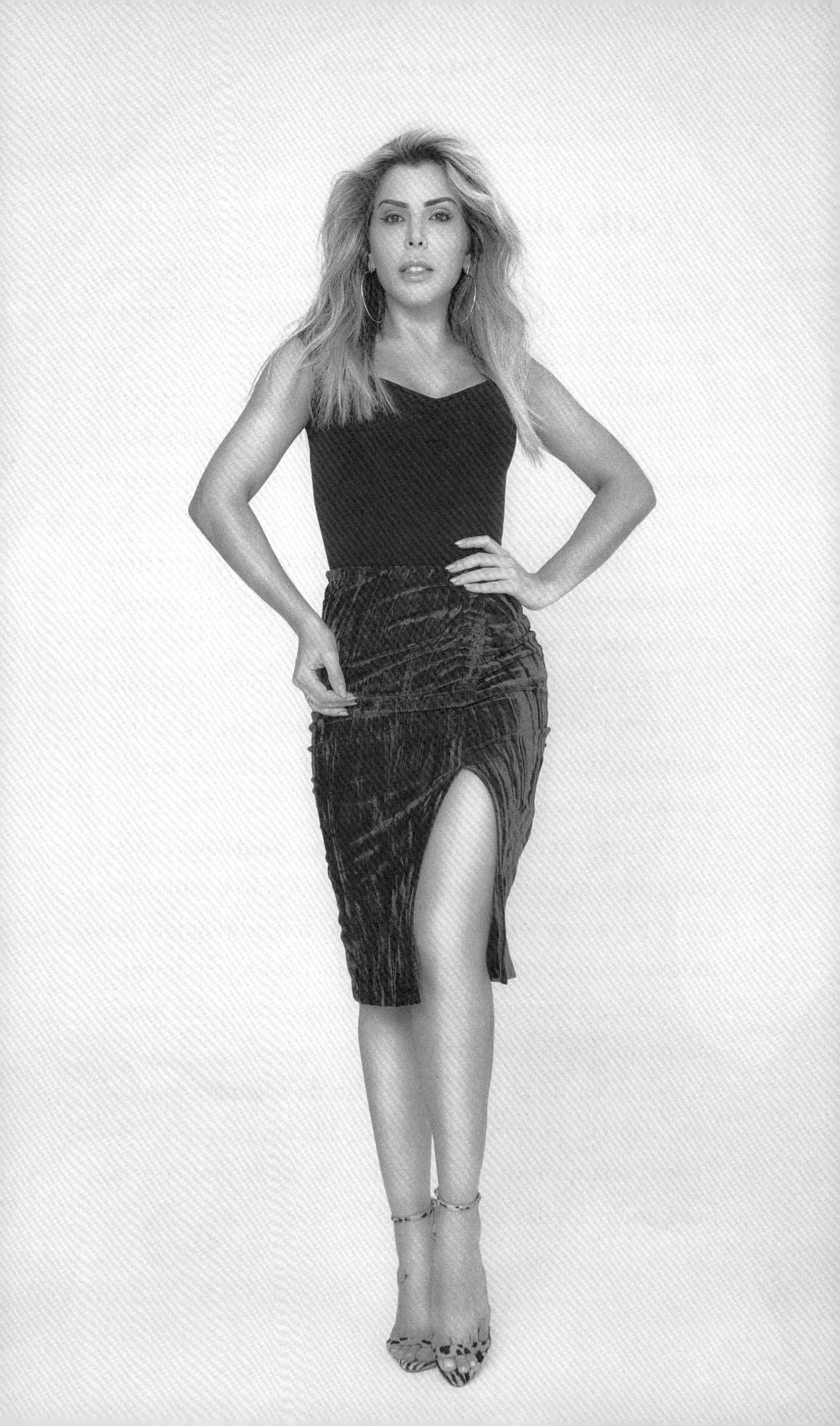

Estilo elegante

Traduz a mulher mais conservadora, clássica, discreta e minimalista, que valida cores sóbrias, neutras, evitando misturas que excedam três tons.

Prefere mil vezes a qualidade à quantidade. Seu *closet* é enxuto, normalmente nada falta e nada sobra. Dá prioridade ao que foi testado e aprovado, preferindo cortes retos e bem modelados.

Gosta de combinar acessórios, prefere sapatos em couro e fechados, alternando o tamanho do salto, raramente mostrando os pés em público.

Transmite a imagem de uma mulher constantemente bem-arrumada. É um estilo muito requisitado "de apoio" a outros estilos porque pode se encaixar em outros, dando o requinte necessário.

Confesso que, em alguns momentos, ainda que o meu estilo predominante seja o sensual, incorporo o estilo elegante porque o admiro, assim como sou admiradora de todos os estilos, mas consigo "segurar" confortavelmente o elegante, até porque se adéqua, muitas vezes, em mensagens que preciso transmitir.

A mulher do estilo elegante não dá *bola* para modismos, não faz questão de ser atualizada em relação a vestir-se e, seja qual for a escolha do dia, estará pronta para praticamente todas as ocasiões.

Gosta de joias e, aos poucos, começa a aceitar semijoias, até por questões circunstanciais pois, em grandes centros, onde a violência está presente, não é fácil usar peças de alto valor agregado.

Aonde quer que vá, para cumprir uma agenda de lazer, trabalho, família ou evento, a elegância está presente. É detalhista para adquirir e vira suas peças até do avesso para conferir a qualidade.

Será que essa é você?

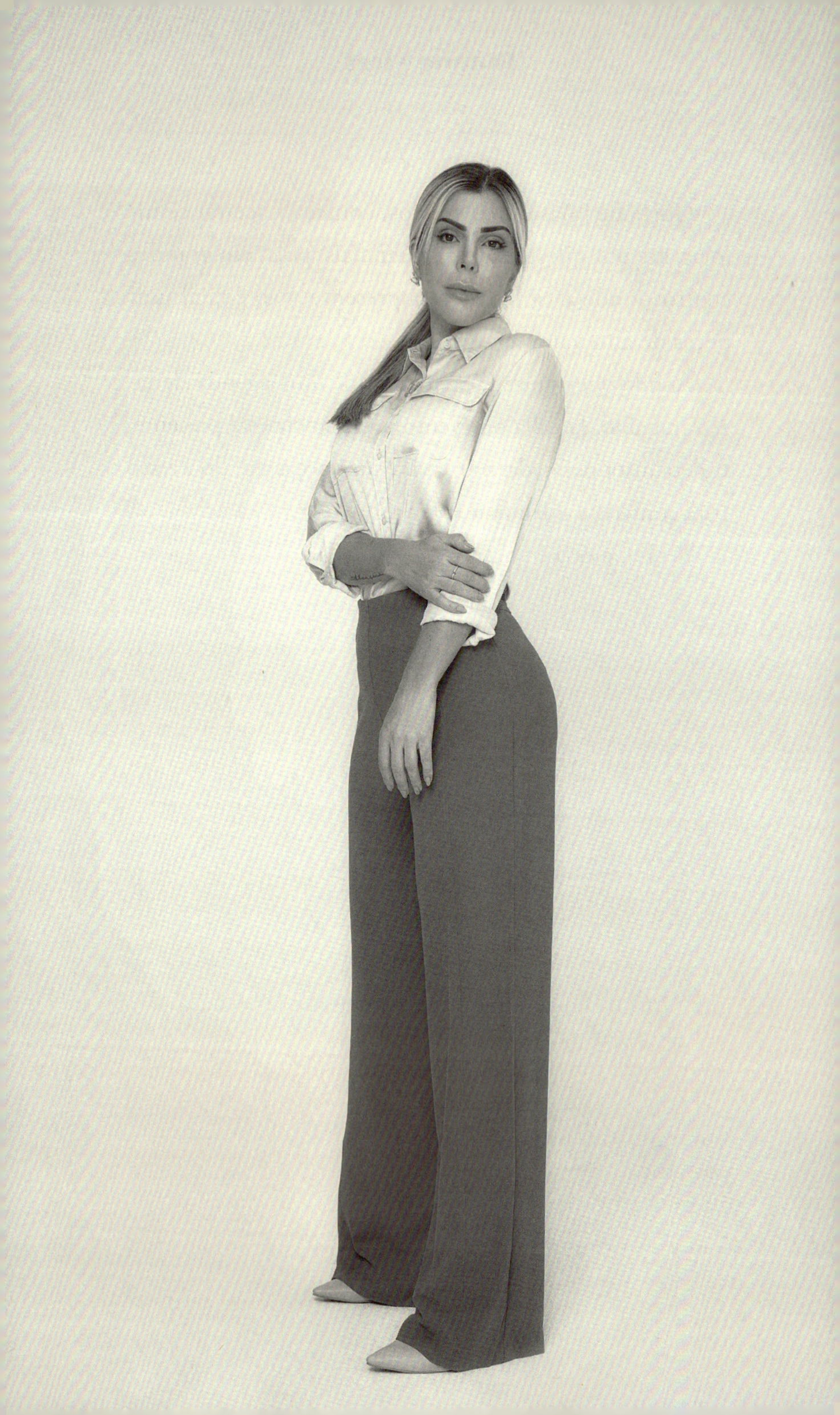

Estilo moderno

Também conhecido por contemporâneo, o estilo moderno diz respeito à mulher que é conectada ao que tem acontecido no mundo, que acompanha a dinâmica dos acontecimentos.

A característica principal da mulher que detém esse estilo é valorizar o que é novidade. Sente-se segura com as suas escolhas e tem a vida ativa, jamais aceitando atuar em sua história na condição de coadjuvante.

Gosta de coordenar as peças e valoriza o conforto, a praticidade. Acompanha e usa as tendências da estação vigente, desde que se encaixem em sua rotina e representem quem ela é.

Usa as cores da Pantone, tende a ser minimalista, mas aceita o uso de acessórios, principalmente aqueles que representam uma tendência.

Por último, tende a gostar da harmonia entre as cores análogas, aquelas que estão lado a lado com o círculo cromático.

Outra tendência é a sair comprando o que encontra pela frente. Não se pode mudar um estilo porque tem ligação com a personalidade, porém pode-se dar uma dica que talvez mude tudo a você que se identificou: considere o conhecimento que adquiriu com o método *Vista-se de si* e, antes de digitar a senha do cartão de crédito, leve em conta a agenda de compromissos, suas atuais necessidades e a agenda de *looks* (adiante, você vai saber como ter a sua). Além disso, evite visitar lojas no dia em que está triste por algum motivo.

Obs: Esta tendência, por meio do *look* exposto na página ao lado, seria para o início de 2020, pois o estilo moderno se atualiza a cada mudança de comportamento.

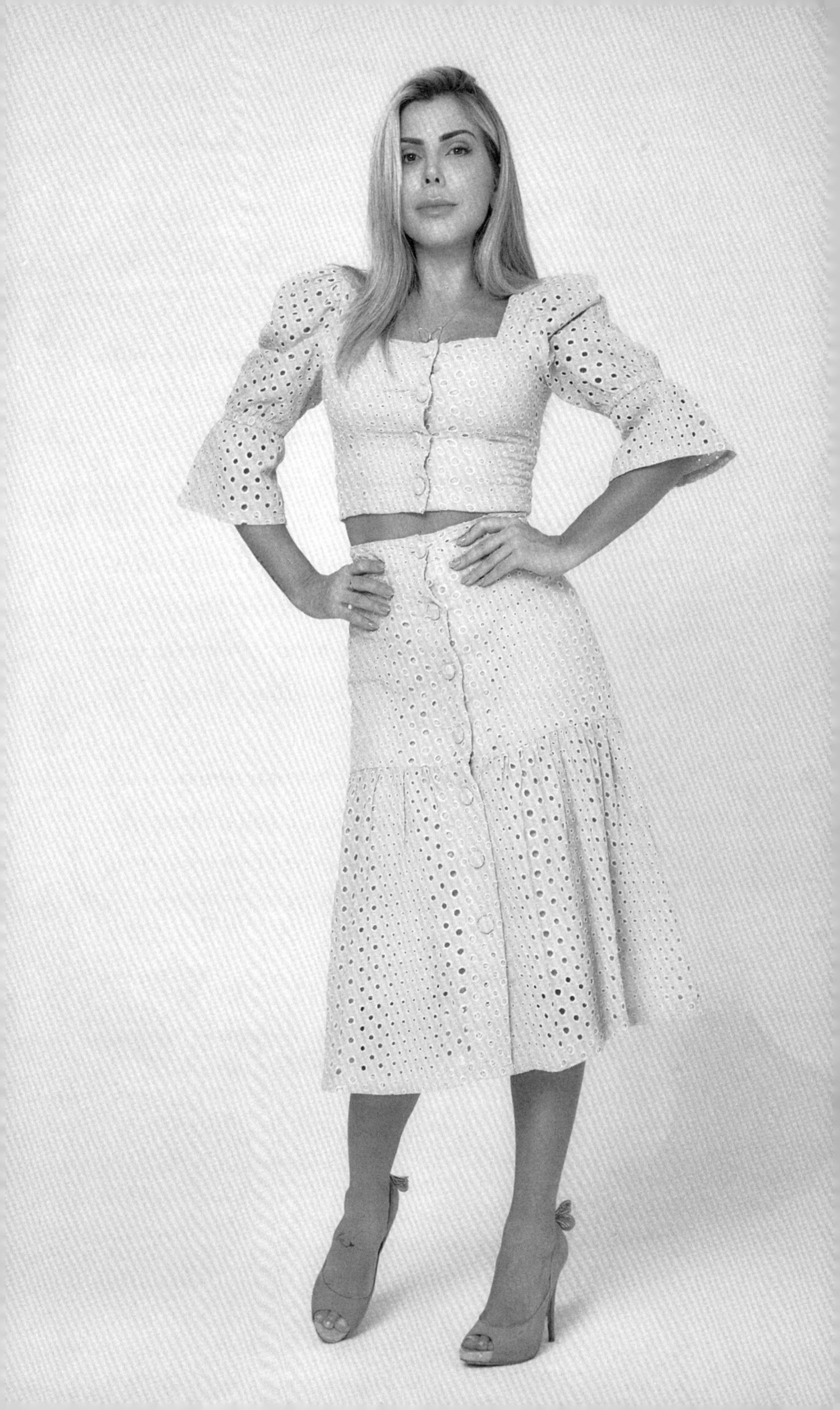

Estilo romântico

A mulher de estilo romântico é delicada, sutil, sonhadora, se preocupa com os detalhes e prepara a agenda de *looks* como um ritual, imaginando tudo o que vai vivenciar com a roupa do dia. Gosta de se embelezar, é discreta e, em geral, não aprecia ser escrava da moda.

Transmite sua imagem de sonhadora, é meiga, do tipo que se emociona com facilidade. Adora cores delicadas como o tom pastel, curte rendas, volumes, pregas, estampas florais, babadinhos e outros detalhes minimalistas.

Pelo perfil emotivo que possui, a emoção prevalece e acaba comprando bastante. Adora sapatilhas e sapatos de bico arredondado, do tipo "de boneca".

Um bom exemplo para facilitar a compreensão pode ser o daquela mulher que vai doando joias ou roupas especiais de geração em geração, que veio da bisa, passou pela mãe, ficou com ela e foi entregue à filha.

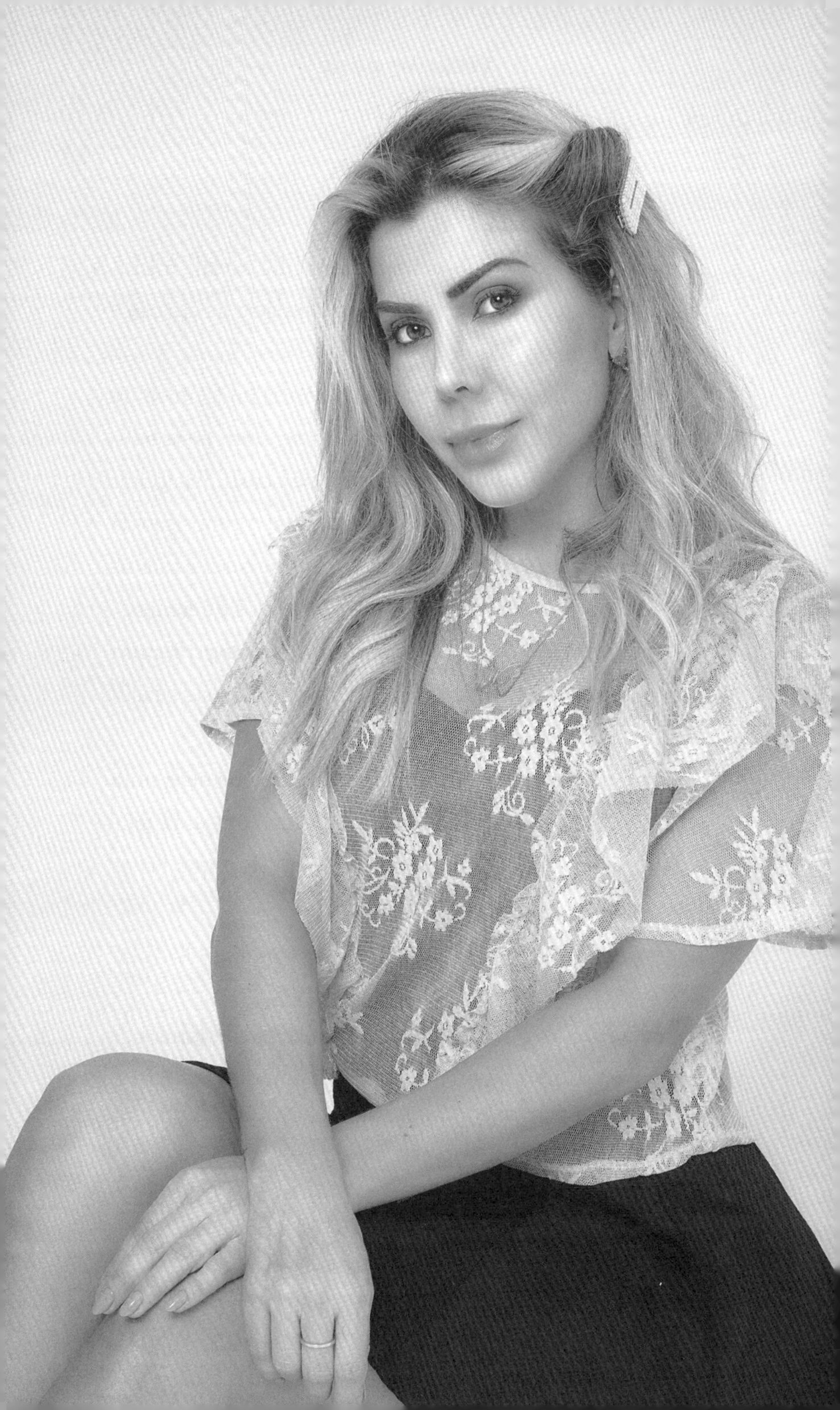

Estilo criativo

São as ousadas, que pensam além do trivial, misturam diversos tecidos e acessórios com audácia na criação e sempre fica maravilhoso.

A mulher de estilo criativa usa a própria imagem como elemento de criatividade e sabe fazer isso. Tem personalidade forte, impõe aquilo que deseja e não costuma aceitar a expressão "não pode" quando o assunto é composição da vestimenta. Não segue regras, sabe compor cores e estampas, ama *looks* inusitados, sapatos e acessórios diferentes.

As pessoas de outro estilo, que tentam investir num *look* criativo, acabam descobrindo que não é nada fácil, porque esse estilo exige talento de personalidade.

Para ilustrar, pensemos naquela mulher que pega uma peça herdada da avó há décadas, combina com uma tendência contemporânea e fica maravilhosa. É o que faz as outras mulheres olharem e pensarem.

— *Nossa, eu não teria coragem de usar, mas como combina e fica bem nela!*

Vale destacar que o estilo de personalidade é forte, em geral divertida, espirituosa, do tipo que ousa na imagem e nos *looks* sem a preocupação de que os outros aprovarão ou não. Por isso, primeiro a mulher de estilo criativo se satisfaz, usando aquilo que traduza seu humor, jovialidade e história.

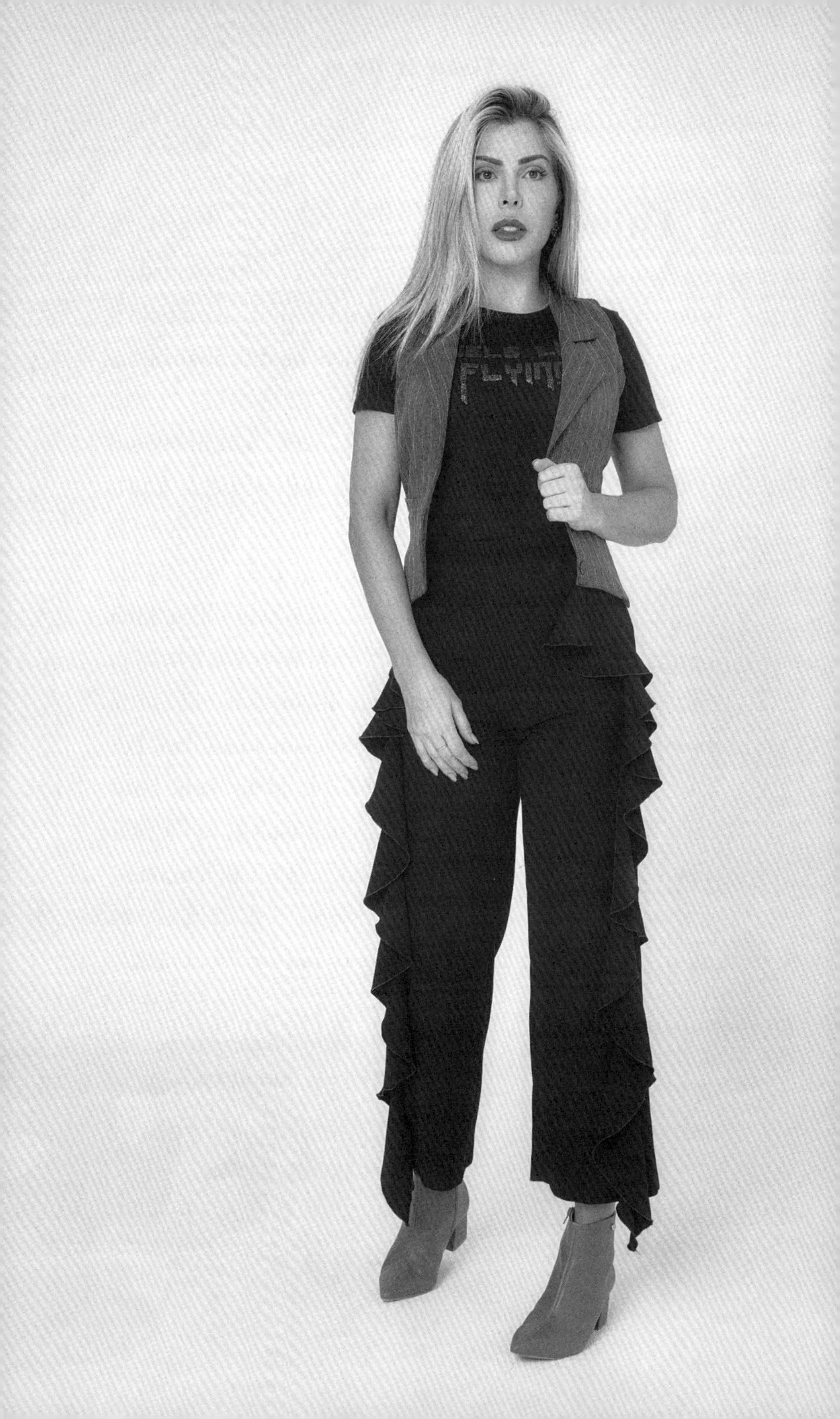

Estilo natural

A mulher do estilo natural preserva a autenticidade e valoriza o que é funcional. Gosta de conforto e praticidade, prioriza as peças que não impedem ou dificultam a sua movimentação corporal.

É comum que as pessoas se enganem e a vejam como desleixada. Isso porque ela tem o hábito de pegar a primeira roupa que encontra pela frente; nem sempre faz essa opção por falta de tempo. É mais uma questão de conforto, do tipo "vou com esta calça mais folgadinha porque o dia vai ser longo".

Adora cores simples e, por ser fã do que é natural, curte as cores de peças e acessórios que remetam à natureza. Por falar nisso, prefere sapatos mais baixos, como tênis, botinhas baixas, sapatilhas, sandálias rasteirinhas e, se for usar algum salto, dá preferência por Anabela (salto, porém reto), acessórios simples ou nenhum acessório. Se a ocasião permitir, vai agradecer ao céu caso possa usar *jeans* e camiseta.

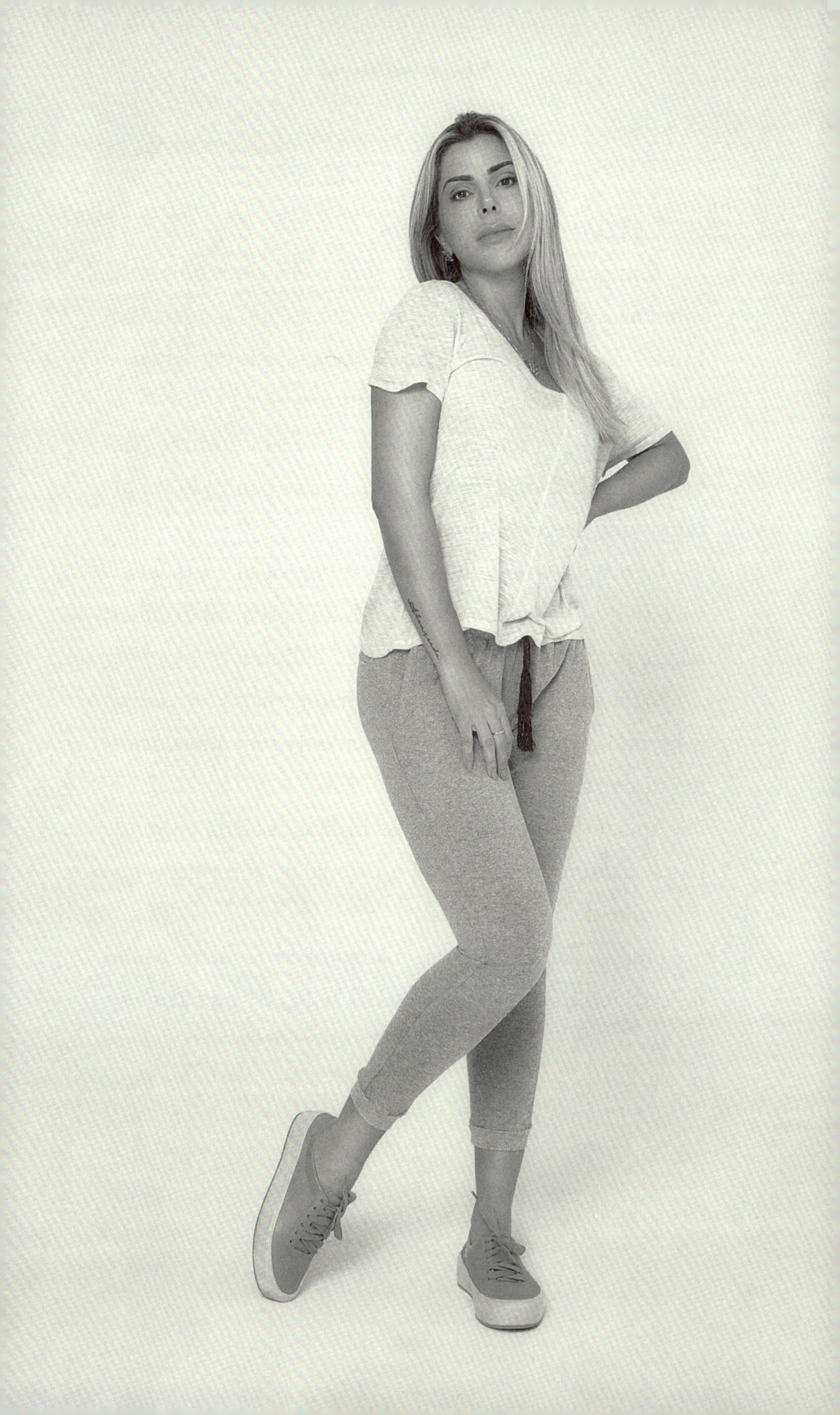

Estilo sofisticado

Tem gente que confunde com o elegante, porém há diferenças significativas. É um estilo até um pouco incomum, mas que causa impacto. Aprecia, em particular, o tom preto ou branco em suas composições.

Seus cabelos têm o mesmo perfil de sofisticação, frequentemente bem-arrumados, com um penteado ou arranjos que despertem atenção.

Preocupa-se bastante com o *status* social e procura o sucesso profissional com garra. Muito ligada aos detalhes, não se preocupa com tendências e modismos.

Valoriza alta-costura, marcas tradicionais e joias, mas evita bijuterias. Seu gosto é refinado, porém adota atitudes discretas.

Apesar da discrição, não deixa de ser notada por onde passa, pelo porte impecável e pelo ar de autoridade que transmite de forma natural.

Procura usar linhas retas, que expressem requinte. Muito delicada, utiliza roupas atemporais e bolsas estruturadas.

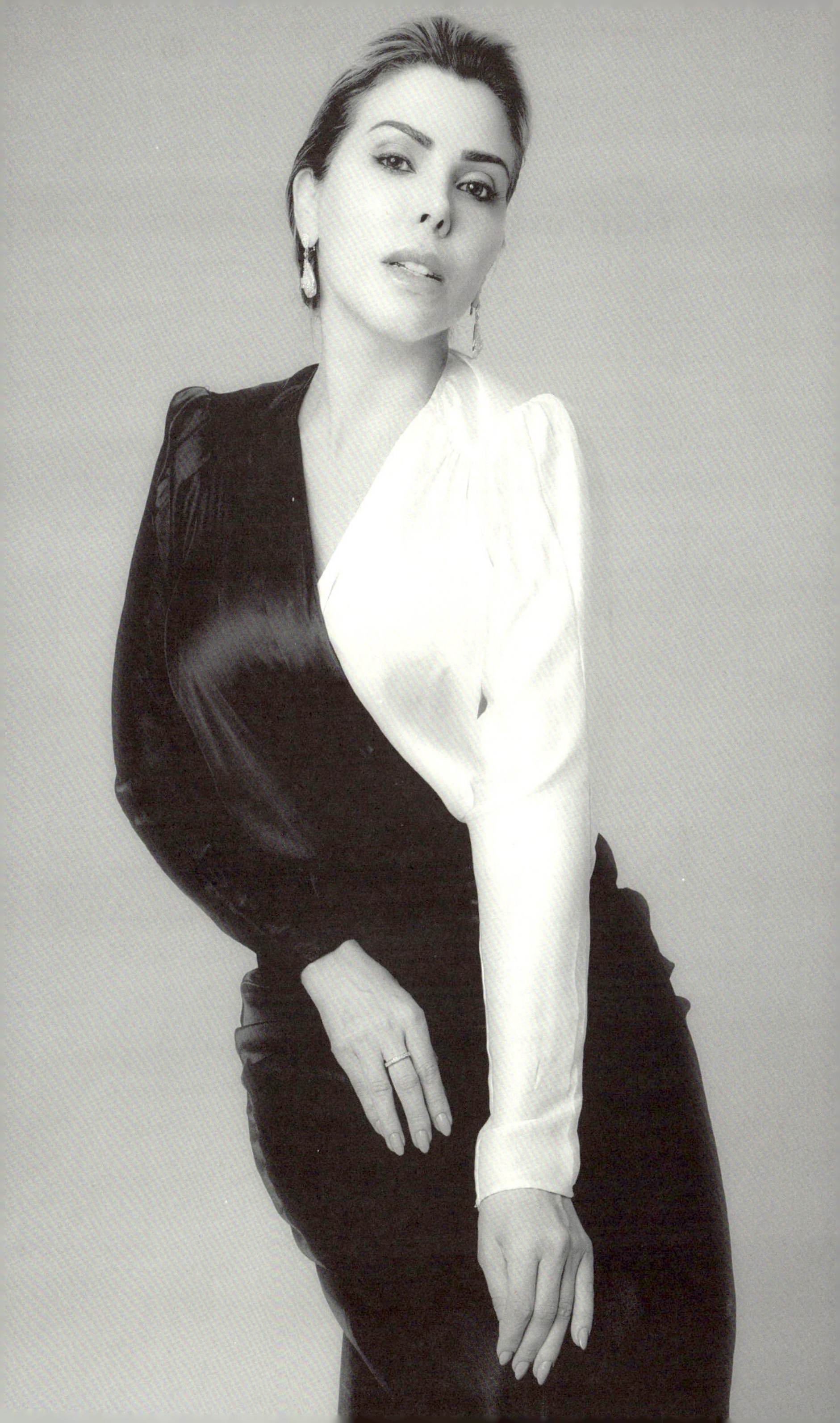

Estilo dramático

A mulher que tem esse estilo – bem raro, inclusive – não se preocupa se as suas opções são consideradas um exagero, nem com o que vão pensar dela.

Suas roupas e acessórios gritam e sua agressividade nas escolhas nunca passaria despercebida. Há quem confunda com o estilo criativo. No entanto, a diferença é bem nítida: a mulher de estilo criativo ousa, enquanto a do estilo dramático causa *frisson*. Aonde chega, todos param para comentar.

Preocupa-se pouco com a proporção. Quanto mais desproporcional e "fora da caixa", melhor para ela, como a mistura de acessórios grandes e pequenos, tons contrastantes, listas coloridas, texturas, chapéus com algum elemento que se destaque, fivelas ou botões enormes e assim por diante.

A harmonia, normalmente procurada em consultorias de imagem, não desperta a atenção desse estilo, pois sua personalidade é mais forte do que a opinião alheia, seja de quem for.

Para respeitar a característica única, a essência desse estilo, nós, consultoras de imagem, usamos outros estilos de apoio ao dela, respeitando a dramaticidade que a faz feliz.

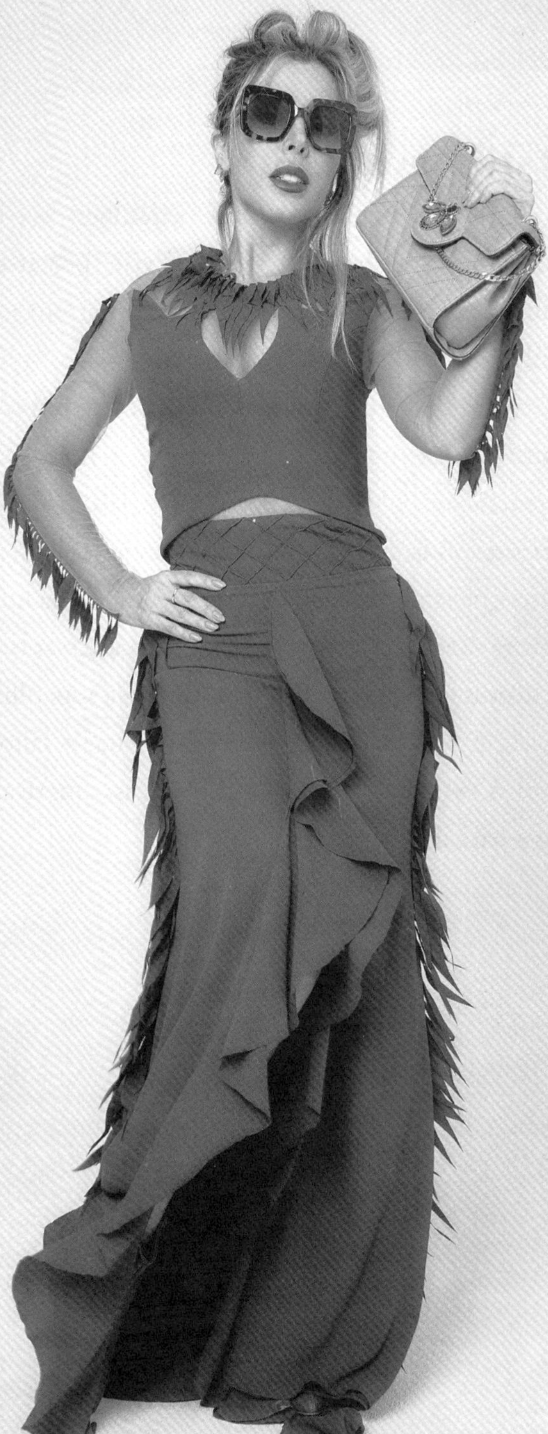

Estilo estudante

Independentemente da idade, a mulher de estilo estudante transmite imagem jovial. É vista por aí usando camisetas personalizadas ou com *silk* de personagens dos desenhos animados.

Descontraída por natureza, ama as cores fortes, como amarelo e verde, que chamam bastante atenção, e acessórios temáticos: bolsas com estampas joviais, relógios com pulseira colorida de borracha e outros itens lúdicos, de preferência que lembrem algo da adolescência ou da infância.

Troca sapatos por tênis sem que seja necessário insistir e, se a ocasião necessitar sapato, que seja sapatilha confortável ou semelhante. Se puder, vai evitar o salto tanto quanto o sol evita a lua. São dinâmicas, emotivas, têm energia para dar e vender.

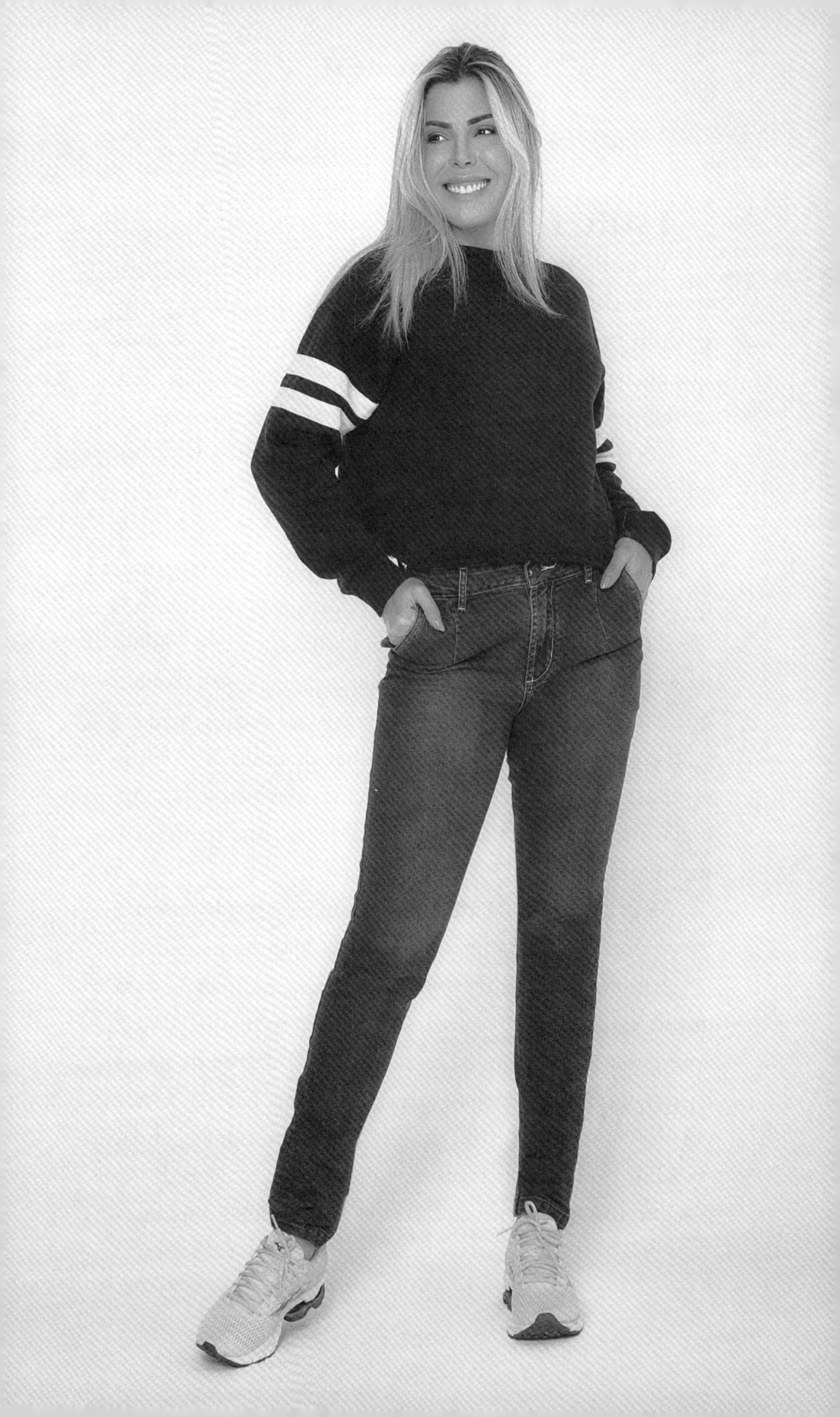

Estilo fashion

Vamos começar pela comparação: a peça *fashion* é diferente da contemporânea desde o acesso. A *fashion* é vendida com maior exclusividade em lojas especializadas, antes que encham as araras das lojas de departamento. Já as peças contemporâneas, vão direto para as lojas de todo o país.

O estilo *fashion* é composto por mulheres que acompanham e apreciam as tendências das passarelas e das lojas que trabalham com essa exclusividade.

A mulher de estilo *fashion* é figura garantida nos eventos que envolvam desfiles e, quando pode, gosta de ousar nos *looks*, de projetar uma imagem tão atual quanto a mulher de estilo moderno, com uma diferença: ela gosta daquilo que é novo, desde que tenha boas doses de exclusividade.

Isso não quer dizer que a mulher de estilo *fashion* use somente as roupas exóticas que vemos nas passarelas. Até usa as roupas comerciais, mas gosta de "usar na frente", assim que os desfiles terminam.

Além de valorizar a mudança, a mulher de estilo *fashion* é inovadora, gosta tanto de seguir quanto de lançar tendências.

A mulher de estilo *fashion* precisa ficar antenada para que o estilo não prevaleça sobre a imagem que deseja apresentar ao mundo. Se as novas e ousadas peças não a representam, vale a pena esperar a próxima bateria de novidades ou usar um estilo de apoio para compor a agenda.

Obs: as roupas são atualizadas antes de chegar à loja de departamento, por isso a referência no livro pode não ser uma atual.

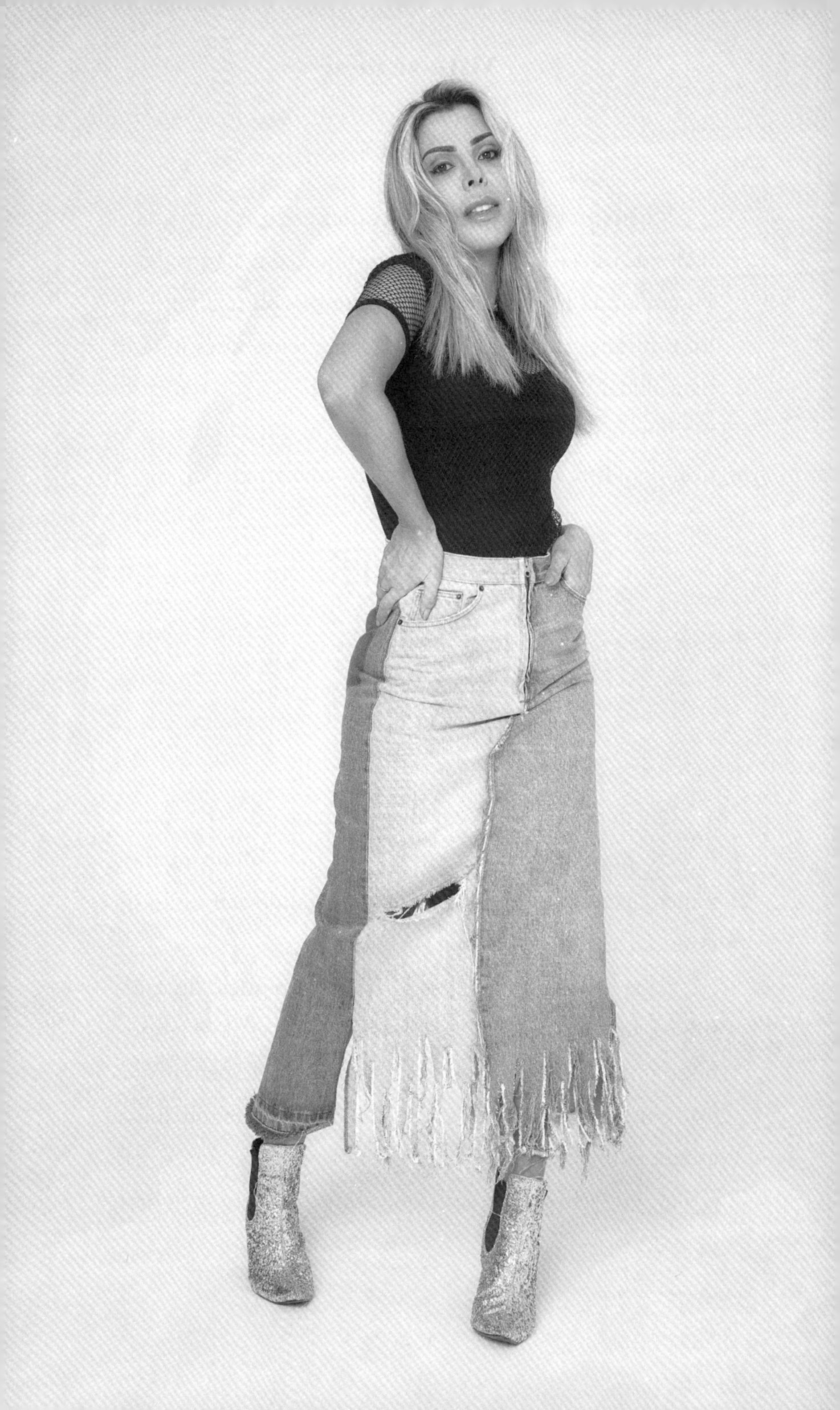

É bem provável que agora, conhecendo as particularidades de cada estilo, você se identifique com alguns deles. Porém ainda não é o suficiente para descobrir o seu estilo. Em função disso, irei te direcionar a um questionário para ajudar na especificidade da identificação do seu estilo predominante. Você pode acessá-lo sem dificuldades escaneando o QR *code* a seguir com seu celular.

Quem disse que você não pode usar o estilo de apoio? Pode e deve se apoiar a estilos que transmitam melhor a mensagem que precisa passar, respeitando seu estilo de essência, sem deixar de ser quem você é.

Cabe lembrar o que deixei evidente no início do capítulo. É importante que você conheça cada estilo e identifique o seu, porém não caia na armadilha de pensar que esse é melhor do que aquele. Cada mulher é maravilhosa exatamente por causa de sua essência natural e única, seu estilo, seu "jeitinho de ser", que sempre poderá melhorar e, para isso, é bom saber qual é o seu estilo, tarefa em que o *Vista-se de si* pode ajudar muito.

Por último, é importante saber que essas características são apenas referências de cada estilo. Ex: nem toda mulher romântica gosta de babado, nem toda mulher sensual gosta de "animal *print*". As pessoas não são iguais, não existem regras para o estilo, mas há boas referências que nos levam à identificação, por isso o método conta com muita investigação.

Vamos em frente! Tenho mais a transmitir para você que está curtindo essa imersão em busca do autoconhecimento.

Capítulo 5

Capítulo 5

Quem é você e que história de si deseja contar

Sempre respeitei todas as consultoras que estão no mercado. Inclusive, sou mentora de várias delas. Duvido de que alguma colega de segmento discorde do que vou afirmar agora: estilo tem a ver com personalidade e se desenvolve a partir das experiências.

É digno entender isso, em vez de ficar insistindo para a cliente pensar de maneira diferente. Cada pessoa tem o direito de pensar como quer e, a mim, cabe mostrar o que aprendi no Brasil, em Paris e em todas as escolas por onde passei. Se existe um consenso entre as profissionais que lidam com *looks*, é de que o comportamento e a personalidade são metade do caminho para compor uma nova e desejável imagem, lembrando que esse desejo de imagem cabe à cliente e não à consultora.

Vista-se de si

> *"Se respeitarmos a personalidade da cliente, ela mudará os comportamentos que deseja ou precisa. Ignorada a sua identidade, essência e personalidade, não haverá razões emocionais para mudar nada."*

Muita gente pergunta como alcancei centenas de milhares de seguidoras nas redes sociais em tão pouco tempo, me tornando influenciadora digital. Vide *link*: https://instagram.com/jhannepires?igshid=1722fxwm9xqsu

A resposta se divide em três: muito trabalho, respeito absoluto em relação ao estilo e à personalidade de minhas clientes e seguidoras, atenção total para a imagem que desejo projetar e a história que desejo contar.

Várias profissionais da minha área já disseram que eu deveria mudar a forma de me vestir, por eu ser do estilo sensual e gostar de roupas que representem esse estilo. Infelizmente, algumas ainda acham que devemos ser iguais, defendendo a imagem "que elas querem que tenhamos". Não vou mudar minha essência só porque sou consultora de imagem.

Saber quem sou e me vestir adequadamente para uma ocasião necessária, sem deixar de lado minha identidade, sempre me deixou confortável. Valeu para ontem, vale para hoje, valerá ao porvir. Nunca vou mudar para satisfazer ninguém. Eu mudo por mim, se identificar a necessidade.

Em total relação de congruência, da mesma maneira não decido nada por minhas clientes, e nenhuma consultora autorizada a trabalhar com o método *Vista-se de si* fará isso.

Mostro o que a linha causa, o que o *look* transmite, levo conhecimento e opções de uso, apresento coloração, investigo situações, avalio comportamento, porém a decisão é da cliente. Uma vez que a pessoa tem o conhecimento das informações, quem decide o que fazer com a vida é exclusivamente ela, mas terá todas as orientações necessárias.

Já vi consultora tentando ditar regras, alegando que "elegante é não estar na moda". Partindo da premissa, então a moda seria o quê? Fútil?

A moda deriva do comportamento da humanidade, que se atualiza a todo tempo, de modo que seria desrespeitoso dizer que a mulher atualizada, de estilo moderno, contemporâneo, carrega qualquer nota de futilidade.

O que precisamos fazer – inclusive, é um compromisso do *Vista-se de si* – é ajudar a mulher a pensar em cinco elementos, antes de renovar qualquer peça ou acessório do *closet*:

Vista-se de si

1. Por que comprar?
2. Onde e como usar?
3. Traduz quem eu sou?
4. Traduz quem eu desejo me tornar?
5. Representa a história que pretendo contar?

Se algumas respostas forem negativas, não seria melhor avaliar se a peça desejada deve permanecer nas araras da loja e não no *closet*?

Não vejo problemas em expor o exemplo de minha vida: gosto de roupas com brilho, aprecio valorizar o meu corpo, mas sei onde me sinto bem em usar, na medida em que estou confortável e segura. Sei a mensagem que as peças transmitem, tenho segurança de quem sou, porque sou e aonde vou. Sinto-me livre, portanto, para usar aquilo que me faz sentir a plenitude da identidade.

Por isso, é tão importante você se conhecer, saber o que a peça causa, física e emocionalmente, pois quem manda no seu corpo e sabe aonde quer ir é você.

"Ninguém merece ser influenciada por pessoas que ditam certo e errado, porque nossa natureza é imperfeita e isso faz da humanidade o maior milagre já criado."

Você pode saber o que vestir para uma ocasião específica sem deixar de ser quem é, feliz, simplesmente por ser você e o nome disso é identidade.

O mesmo raciocínio pode ser levado em conta sobre o rápido amadurecimento e sucesso do método que defendo. Em pouco tempo, conheci diversas histórias e ajudei centenas de mulheres. A consequência natural foi crescer com rapidez, mas isso não seria possível se a minha imagem, oferecida ao mundo em meus canais digitais, estivesse diferente daquilo que proponho e acredito, do propósito de ajudar a mulher, da missão de transferir tudo o que aprendi.

No fim, percebe-se que a congruência entre defender uma imagem e praticar o que se defende é outro diferencial para encontrar resultados promissores em um universo de pessoas que oferece uma solução semelhante. É outra razão que me fez avançar na carreira. A mudança exigida para o alcance da nova imagem que se deseja apresentar deve ocorrer de dentro para fora e não dá certo quando se tenta de fora para dentro. Isto é, o coração sente, a razão calcula e leva até a vitrine, a emoção decide. Assim, a gente faz acontecer.

Quando a razão não manda nada e sobra tudo para coração e emoção, o resultado pode ser compras sem-fim e felicidade zero.

Outro motivo que faz as pessoas se apaixonarem pelo *Vista-se de si* é a abrangência, porque a mulher percebe que está tratando, do passado ao futuro, cada área de sua vida e não só uma melhoria no *closet*.

Sem analisar o perfil da pessoa como parte de um todo, de um sistema, o resultado seria superficial. A cliente até ficaria feliz num primeiro momento porque adquiriu um pouco de conhecimento sobre seu corpo, as cores, a agenda, porque trocou alguns *looks* ou o *closet* inteiro.

Se essa troca não calculou todos os aspectos de sua identidade e personalidade, seu estilo, desejos e necessidades em relação à imagem que quer construir; se essa troca não averiguou as crenças impeditivas e ignorou também os comportamentos que trouxeram a pessoa até aqui, há boas chances de que a felicidade seja passageira.

A mesma linha de reflexão é usada pelo método *Vista-se de si* para identificar o estilo, que requer uma pesquisa aprofundada e uma visita ao passado, diferencial da nossa metodologia, que não se concentra somente no tempo presente. Não é, portanto, uma questão que se limita a verificar a imagem atual. É necessário ir mais a fundo, mergulhar no passado emocional, entender o caminho que levou a mulher até aquele instante, mostrar a ela como melhorar ainda mais as suas características, buscar referências de outros estilos, dar atenção ao que aconteceu em sua vida. Este olhar plural e atemporal é a razão pela qual as mulheres tanto admiram o método, pois elas têm a chance de olhar para a sua vida através de uma viagem no tempo que leva em conta as escolhas de ontem, para fortalecer a imagem projetada no presente, a partir de escolhas saudáveis que vão gerar resultados positivos.

No caso da mulher temporariamente vitimada pelo excesso, por exemplo, resolve-se porque existe jeito para quase tudo nessa vida. Basta transformar excessos em recursos.

O caminho é construir uma ponte, para que essa mulher caminhe da insegurança que a levou ao excesso, até o que ela entenda por felicidade, que seria o outro lado da ponte, onde estão a sua personalidade, os seus valores mais nobres, a sua identidade e, derivando de tudo isso, o seu estilo, pois quem merece destaque é a pessoa. Ou seja, a peça deve nos servir e não nós a ela".

> *"Quando o look chama mais a atenção do que a essência da mulher, a tendência é luz nas roupas e sombra na beleza."*

Veja o caso de Pâmela, outra cliente do método *Vista-se de si*, diretora de Recursos Humanos em uma grande empresa. Ela nos procurou porque gostava de roupas que valorizavam seu corpo e queria harmonizar sua essência, mantendo-se bem representada no ambiente semiformal do setor corporativo. O seu estilo predominante, viemos a identificar, era o sensual.

Vista-se de si

Rapidinho, Pâmela atingiu o resultado que desejava por um motivo: a todo instante, foi respeitada a essência dela antes de dar qualquer passo.

Para alcançar o que desejava, no começo, ela foi logo querendo saber o que era *certo* e *errado*. Como é de conhecimento da leitora, a metodologia não considera *certo* e *errado*, nem acredita que a afirmação "menos é mais" sirva para todas as mulheres. Ao contrário, o *Vista-se de si* abrange o olhar, vislumbrando outros aspectos da personalidade, avaliando a pessoa por inteiro, incluindo sonhos, valores e propósito de vida.

Trouxemos referências do estilo dela para o semiformal. Pâmela teve a chance de preservar sua identidade, sua essência e, ao mesmo tempo, pôde ter a própria imagem bem representada no trabalho.

Mais do que isso, resgatou percepções adormecidas, percebendo que a sensualidade tem traços íntimos com a personalidade e não somente com os tecidos. Reparou ainda que passaram a elogiá-la pela elegância no cotidiano. Felizmente, Pâmela conseguiu readequar a própria imagem em tempo *recorde*.

Não foi a primeira vez que uma cliente nos procurou pelas mesmas razões. *Vestir-se de si*, como se pode conferir, prevê adequações, adaptações e referências de outros estilos para complementar o objetivo da cliente.

A roupa pode sim ajudar a contar uma história, desde que o estilo tenha sido investigado profundamente e que traduza, de fato, a mulher por trás da história, completa por identidade, propósito e essência, como foi o caso de Pâmela.

No *Vista-se de si*, defendemos que a imagem da mulher precisa mostrar ao mundo qual história de vida ela pretende contar ou construir (ela pode contar a história de vida ou mostrar ao mundo o que deseja construir).

Fizemos o monitoramento de Pâmela por meio das fotos que ela nos enviava, explicando a escolha de cada peça do *look*. Suas escolhas estavam adequadas ao seu objetivo. O relato dela, semanas depois, foi inesquecível.

— *Antes, Jhanne, eu passava despercebida. As pessoas me respeitavam pela minha postura séria e pelo cargo de confiança que exerço. Com a mudança na imagem, o respeito aumentou e passaram a me admirar também como mulher. Estou adorando ser valorizada porque fiquei muito tempo tentando me esconder.*

Não se pode dizer que a preocupação dela fosse infundada. É comum que a postura executiva se traduza em dificuldade na hora de compor os *looks*, apagando um pouco da delicadeza natural da mulher. Pâmela precisava dessa adequação, do seu estilo sensual a um estilo semiformal para o trabalho, sem abrir mão do que gostava, e isso serve de lição para toda mulher, inclusive eu, que também aprendo todos os dias com as clientes.

Nós, mulheres, somos um pequeno e particular universo, sendo que cada uma traz as preferências embasadas por comportamentos e crenças.

Pâmela venceu as sombras das dúvidas, tornou-se a luz das merecidas convicções e inspirou muita gente que passou pelo *Vista-se de si*, por sua sensualidade cativante. Ela não tinha nenhum problema com excessos e lidava muito bem com seu estilo sensual. Porém, já tive clientes de vários estilos, que se perderam nos exageros. Aliás, certa vez, uma jornalista me perguntou "como identificar uma mulher vulgar". Tenho uma opinião formada a respeito disso e lembro precisamente qual foi a minha resposta.

> *"Não existe mulher vulgar. O que existe é a mulher que ainda não soube conciliar sua sensualidade com a história que deseja contar ou construir."*

Perceba, leitora, que a dúvida de uma é a solução, o aprendizado e as vitórias de outra. Talvez tenha ficado mais fácil descobrir que história você deseja contar de si a partir da imagem construída e representada. Porém agora tem em suas mãos uma nova e poderosa ferramenta emocional: você sabe que merece dar prioridade para os elementos essência, personalidade, identidade, valores, propósito e estilo.

Capítulo 6

Capítulo 6

Construindo uma nova imagem

O comportamento que se observa na imagem da pessoa não nasceu hoje ou há dez minutos. Como deve ter ficado claro, às vezes vem de uma época distante, perdida nas memórias.

Imagine uma criança que se sentiu desvalorizada, que passou a infância inteira escutando que não precisa das coisas, que a outra é mais bonita, que o pai não presta, que não teve estrutura familiar e apoio. Qualquer psicólogo concordaria que a tendência dessa futura mulher é apagar-se, manter-se nas sombras, "fora do radar do sucesso", até um dia ter a coragem de tratar esses fantasmas, de *vestir-se de si* e buscar o que é seu.

Ocorre que o mundo está cheio de mulheres que precisam resolver uma coisinha aqui ou ali a respeito do passado. Por esse motivo, ao criar o método, decidi que o *Vista-se de si* não seria usado especificamente para terapia. Direcionaríamos ao profissional competente quando encontrássemos a necessidade, mas o método olharia com atenção e carinho para a realidade comportamental da cliente, área que representa metade do caminho. Não adianta cuidar do externo se existe dor no interno. Não adianta criar a imagem que a mulher deseja projetar e contar, se os recursos de construção precisam de manutenção.

Dessa maneira, os tempos passado, presente e futuro se manifestam na metodologia. Em um primeiro momento, através de perguntas estratégicas baseadas em imagens do passado, identificamos o que a cliente gostaria de mudar e abrimos o caminho para que a mudança ocorra.

Renata, empresária do setor varejista, se emocionava ao ver suas fotos e partilhar que sentimento essas imagens do passado traziam. Como uma Fênix, Renata identificava suas dores e se preparava para uma mudança na imagem que desejava mostrar para si, para os que amava e para o mundo.

À medida que essas lembranças vêm à tona, é comum que a pessoa resgate os momentos tristes e ignore as conquistas de uma existência que chegou até ali, quer os resultados tenham sido satisfatórios, quer não.

Renata ficou surpresa ao perceber quanta coisa tinha a agradecer pelos próprios esforços, antes ignorados. A gratidão permitiu a Renata criar um painel de futuro que de fato pudesse concluir.

O sonho de Renata, viajar ao exterior. A velha falta de tempo, tão recorrente entre as empresárias, se mostrava um obstáculo difícil de transpor.

Só após definir quanto tempo ficaria no exterior, com quem iria, onde se hospedaria, que cidades frequentaria, quais restaurantes e atrações turísticas visitaria, Renata pôde realizar o sonho. A partir do dia em que recriou a sua imagem e a projetou, mostrando seus sonhos profissionais e pessoais, fez todos os esforços para conquistá-los e conseguiu.

Observe que a cliente tinha um sonho que jamais saíra do papel ou recebera um plano, o que nos leva a um pensamento.

"Imagem não se resume à roupa. E, convenhamos, com sonhos adormecidos que nos frustram, mesmo se trocar o closet inteiro, não haverá cabides para a felicidade."

Renata buscou seus resultados com disciplina e os alcançou. Todos os dias, fazia um pequeno esforço para obter a vitória e, a cada passo, sua imagem ia projetando aquilo que desejava. Literalmente, Renata mostrou ao mundo o que queria, que história pretendia contar.

Antes, Renata não investia em si e ficava um bom tempo sem renovar o *closet*, vendo nisso um gasto e não um investimento. Passava um tempão olhando para o *closet* e nada a agradava, só havia ali peças que dificilmente usaria.

Até que ela descobriu (no método *Vista-se de si* não descobrimos nada, quem se descobre é a cliente) que estava compensando a situação, se presenteando com outros objetos, como porcelanas e pratarias, para evitar investir em roupas e, de certo modo, compensar o sonho não realizado, a frustração de desejar uma viagem ao exterior, ter recursos para isso e, ainda assim, não conseguir.

Outra coisa que Renata desvendou sozinha foi o motivo pelo qual não gostava das roupas novas que raramente adquiria. O seu subconsciente promovia uma espécie de castigo, como se dissesse:

— *Já que você não vai ao exterior, também não vai ficar bem com essas peças novas.*

A comunicação do *look* tem papel, inquestionavelmente importante, no todo da imagem. Imagine a situação de Renata. Que imagem ela transmitia de si, nesse estado emocional, enquanto não adquiria nada por que nunca se sentia bem com as peças recentemente compradas?

Três perguntas devem estar claras na mente da leitora.

Por que estou comprando essa roupa?

Que mensagem a roupa vai transmitir?

A roupa representa a minha imagem e atende a minha necessidade de agenda?

A falta de critérios para as perguntas profundas como essas e o fato de não as responder explica por que algumas profissionais transmitem uma mensagem que já deve ter passado pela sua cabeça. Por exemplo:

Ela não parece ser advogada.

Ela não "tem cara" de jornalista.

Ela não parece uma empresária.

Talvez a sua interpretação faça sentido e a imagem transmitida por essas profissionais realmente não faça jus ao que escolheram para a carreira. E, devo dizer, nenhuma mulher está isenta de fazer escolhas que não a façam feliz.

Como sou pessoa pública, quando vou buscar a filha no colégio, procuro usar uma roupa adequada para a ocasião. É natural que as mães e os pais saibam quem eu sou e fiquem olhando. Já me acostumei e não vejo problemas, faz parte da rotina de ser uma pessoa pública.

Em geral, uso *short* curto para ficar em casa, curtindo a filha, ou na praia, em momentos de intimidade com a família e as amigas. Porém, um dia desses, precisei comprar um item e fui ao supermercado do jeito que estava, pela preguiça de trocar, com *short* curto. Ao passar por um casal, observei que o marido abaixou a cabeça, com medo de ser advertido pela esposa, se olhasse. Não me senti nada bem com aquela situação. Lembro-me até do que pensei.

— *Eu trabalho com imagem, vou ficar mais atenta ao meu estilo e me colocar no lugar de quem vai me ver.*

A mensagem que a roupa transmite repercute até entre as pessoas que encontramos e não conhecemos. Não significa que, a partir de hoje, você deva vestir-se para os outros. Longe disso, a resposta é *vestir-se de si* e, por causa disso, causar bom efeito nas pessoas com quem se socializa, pois quem se veste de acordo com a imagem que deseja transmitir para alcançar uma causa e direciona comportamentos para esse alcance tem o futuro objetivo garantido. Pode-se dizer que é quase uma equação:

> *"Quanto mais a pessoa é quem gostaria de ser e transmite esse sentimento na imagem que projeta ao mundo, melhor e mais rápidos serão os resultados em relação aos seus desejos."*

Colocar-se no lugar de quem nos observa é um exercício de empatia que amadurece. O dia do supermercado foi suficiente para refletir sobre o próximo: se eu, que trabalho com imagem, me encontrei nessa situação do exemplo com os *shorts*, imagine a mulher que desconhece a matéria. Por isso, decidi escrever o livro e compartilhar tudo. Nós, mulheres, nem precisamos desejar ser perfeitas. Em vez disso, podemos aprender todo dia e nos tornamos melhores em passos gradativos, evoluindo um pouquinho diariamente.

O desejo de ser e agir melhor em prol da evolução pode até confundir aquilo que verdadeiramente queremos.

Quando uma cliente me procura com uma queixa, costumo sugerir que ela investigue, por meio das perguntas, das respostas dela e das observações do método *Vista-se de si*. Outra vez, incansavelmente, reitero: quem descobre os seus reais desejos é a cliente. Nós só facilitamos o caminho até as respostas que estão dentro dela.

Já teve mulher que nos procurou afirmando que sua busca era unicamente profissional e, uma vez diante do método, descobriu que a desatenção para a área amorosa a fazia infeliz e vice-versa.

Como não compreender? Sem dúvida, cada mulher precisa enfrentar demandas e áreas diversas, sem contar a pressão invisível que existe por parte da sociedade, para que sejamos eficazes em tudo, a todo instante.

Ao mesmo tempo, me sinto feliz e realizada pelo suporte que o nosso método proporciona. Lembrando a você o que narrei logo no início, minha filha Lavínia mostrou uma nova realidade que os meus olhos não conseguiam ver.

Em retribuição ao presente que é ter uma filha capaz de abrir os meus olhos, venho ajudando as mulheres que estão com os olhos fechados. O método, nesse sentido, preenche o meu papel de existir, pois nada é mais gratificante do que ajudar uma mãe a apresentar aos filhos uma nova imagem, a profissional a se projetar para a carreira de sucesso, a esposa a redescobrir sua imagem na área dos relacionamentos.

Em cada uma dessas e de outras áreas da vida, imagem e comportamento são fundamentais para os resultados evolutivos que toda mulher deseja. Por isso, afirmo que uma consultoria de imagem aplicada com atenção à imagem que se deseja projetar ao mundo e os comportamentos que se adota para tal, resulta em benefício para a vida inteira.

É gratificante ver a mulher que um dia chegou sem saber ao certo o que fazer da própria imagem e, tempos depois, essa mesma mulher passa a apresentar sua nova imagem como ela realmente deseja (e não eu, ou a sociedade achamos que seja certo ou errado).

Renata foi uma dessas mulheres. Não tardou e lá estava ela, com um *closet* renovado, de modo que cada peça cumpria um objetivo ou levava a uma harmonização. Além disso, passou a ter uma agenda de compromissos montada e uma respectiva agenda de *looks* bem-organizada, que a permitiu projetar a imagem desejada e levá-la ao mundo, exatamente como sonhara um dia: uma nova imagem. Se ela conseguiu e eu também, resta alguma dúvida de que você conseguirá?

E que tal, já que entramos no tema organização, aprender a respeito da agenda, recurso tão necessário para um dia a dia que facilite a realização dos sonhos? Antes, no entanto, existe um derradeiro passo e peço que considere o meu convite, que veja como faz sentido: no próximo capítulo, vamos investigar um tema que eu já validei ao longo da obra, importantíssimo, a congruência. Logo em seguida, após encontrar esses pontos congruentes que envolvem a nossa imagem, convido você a se preparar para a congruência entre o que se diz e o que a imagem mostra. Em seguida, vamos a uma agenda de *looks* que vai mudar a sua vida. Vem comigo?

Capítulo 7

Capítulo 7

A congruência entre o que se diz e o que a imagem mostra

Já que toquei no assunto, deve ter rolado uma "curiosidadezinha" por aí. Então, aí vai um "aperitivo" sobre a agenda de *looks*, começando pelo que não é, quebrando um mito. Organizar a agenda de *looks*, pilar importante da imagem a se construir, não se resume só ao prazer do contato com novas modelagens e cores, estilos e tendências.

A roupa provoca uma experiência, mostra uma temporária e positiva imagem. Por isso, adoramos roupas novas, cores não usadas há tempos, brincos diferentes, unhas decoradas, acessórios novos.

Quebrando o mito, muita gente pensa que encher o *closet* de peças novas e programar a escolha que vai usar em cada compromisso equivale a ter uma agenda de *looks*.

Vista-se de si

Não é só isso. Cada área da vida exige uma atenção especial e, em quase todos os casos, deixamos algumas dessas áreas da vida em desatenção.

Durante a consultoria de imagem prestada pelo método *Vista-se de si*, a cliente recebe toda a orientação para organizar sua agenda, seu *closet* e suas escolhas. Fica feliz da vida, pensando que não precisou nem ficar pensando na velha pergunta que todas nós conhecemos em alguma etapa da vida.

Que roupa vou usar?

Ao fim de todas as etapas que foram trabalhadas em favor dos resultados desejados pela cliente, investimos aproximadamente quinze dias em várias frentes, para proporcionar a resposta para uma pergunta que vai mudar tudo.

Qual área da minha vida está descuidada?

Ao dar atenção para a imagem que apresentamos para cada área da vida, damos atenção ao nosso propósito de vida, que pode ser cumprido em qualquer área ou lugar.

No meu caso, eu colaborava bastante com a comunidade religiosa de meu convívio. Um dia, percebi que meu propósito de vida precisava ser abrangente para alcançar mais mulheres que precisavam aumentar a autoestima, e passei a projetar minha imagem para um desejo maior: ajudar cada mulher que me procurasse em busca de realização pessoal, segurança e autoestima.

Fica evidenciado, assim, que não se resume à roupa certa ou errada, porque o errado de uma é o certo de outra. Trata-se de algo maior, que passa por diversas etapas e todas essas fases têm um objetivo comum: gerar qualidade de vida, realizar sonhos e nos aproximar de uma vida plena.

Se um dia, quem não entendia nada pensou que imagem e estilo eram bobagens quaisquer, vaidades tolas, hoje ninguém pode duvidar: aquilo que o mundo vê em nós representa as portas que conseguiremos abrir, como um eco das nossas ações e dos nossos esforços.

Desse modo, não é que exista uma mulher que se vista melhor ou pior do que a outra. O que existe é a mulher que escolhe se conhecer melhor e, em função disso, conquista uma imagem capaz de deixá-la satisfeita com quem ela é, aproximando-a daquilo que mais deseja. O que também existe é a mulher que coloca qualquer roupa e não percebe que a vida vai gerando qualquer resultado, tal qual o reflexo daquilo que projeta de si, até receber de volta.

Passei a infância escutando que Deus não olhava a aparência. E sim, é verdade. Mas em contrapartida, as escrituras revelam que Deus criou o ser humano à sua imagem e semelhança e isso significa que Ele não proibiu o ser humano de projetar sua imagem como a pessoa vencedora que já é ou que gostaria de se tornar.

Vista-se de si

> *"Ninguém cria uma imagem após vencer. Essa imagem é criada enquanto a pessoa luta para vencer."*

Veja o exemplo de uma cliente, apresentadora de televisão (não posso revelar o nome), que *veste-se de si* da maneira que gostaria de ser vista: uma mulher elegante, de beleza clássica, inteligente pelo que mostra e faz, não somente pelo que veste. Assim, as roupas, a maquiagem, os elementos e acessórios que usa servem tão somente para reforçar aquilo que ela faz de melhor: comunicação para grandes massas.

Uma pergunta: se a minha cliente fizesse diferentemente disso e, em vez dos tons sóbrios que costumava usar para realçar sua beleza e carisma, decidisse usar tons em desarmonia com a sua cartela de cores, que escondessem sua beleza e destacassem as naturais imperfeições do semblante, será que ela comunicaria a sua melhor imagem e teria conquistado o mesmo sucesso?

Praticamente metade da expressão facial da minha cliente tem por destaque aquele belo e conhecido sorriso. Bastaria um batom que não projetasse a imagem de mulher culta que ela apresenta e, pronto, uma parte do seu conjunto de comunicação deixaria de ser o mesmo.

Trazendo a reflexão até a minha realidade, depois que "me vesti de mim", passei a me sentir uma mulher mais segura nos quesitos tomada de decisão, família, empreendimentos, vida amorosa, trabalho e propósito. Da mesma forma, percebo que os resultados por mim atingidos se repetem nas clientes que experimentam o *Vista-se de si*. Eu e essas mulheres aprendemos uma lição simples, e profunda: nas vestimentas, fino harmoniza com fino, grosso com grosso e por aí vai. Mas qualquer coisa também combina com qualquer coisa. Ou seja, qualquer vestido para ir a uma reunião importante pode dar qualquer resultado. Qualquer cor de terninho para uma entrevista de emprego talvez resulte em qualquer resposta do entrevistador. Outra vez, afirmo que não aplico regras, mas conhecimento é importante para grandes realizações.

> *"Conheça sua personalidade, seu corpo, suas necessidades, sua verdade, e seja livre para usar o que te fizer bem."*

São novos tempos que exigem estratégias inéditas, inclusive para a defesa da imagem. De que adiantaria formar-se nas melhores faculdades brasileiras e estrangeiras, e não ter a menor ideia do que usar na hora de ser entrevistada por uma empresa que respeita essas faculdades? Outra pergunta precisa martelar em nosso subconsciente:

Se cuidarmos da formação curricular e extracurricular, se nos permitirmos ler e aprender todos os dias, se nos esforçamos para entregar uma performance acima do potencial em casa ou no trabalho e, por último, se temos a certeza de que sucesso exige preparação, por que deixaríamos de lado aquilo que simboliza e representa todas essas áreas: a nossa imagem?

Não adianta dizer ao entrevistador ou contratante que é uma pessoa séria, se a imagem que apresenta ao profissional não confere com a afirmação. Por exemplo, a mulher de estilo natural vai participar de uma entrevista onde sonhou trabalhar. Evidentemente, suas chances aumentam à medida que decide usar um estilo de apoio para compor o *look* da entrevista, adaptando sua comunicação ao estilo da empresa. Isso mostra que não existe *certo* e *errado*, porém a flexibilidade ajuda demais. Uma mentora de imagem, através do método *Vista-se de si*, com certeza, pode colaborar muito para transmitir o conhecimento desses detalhes importantíssimos que resultam no alcance dos seus objetivos.

O mercado também mudou a respeito da questão "o que se diz *versus* o que se mostra". Nos anos 1990, a pessoa dizia "eu sou uma pessoa cuidadosa no trabalho" e ninguém poderia questionar. Agora, é preciso que a imagem de pessoa cuidadosa seja parte daquilo que se afirma.

Por exemplo, uma pessoa que se diz cuidadosa deixaria a sobrancelha por fazer, o esmalte das unhas descascando, o cabelo dando mostras de que precisa daquela aparada nas pontas, ou usaria roupa descolada em uma entrevista de emprego, como o exemplo que citei?

Se invertermos o raciocínio, a lógica permanece. Digamos que a jovem seja de estilo elegante e esteja tentando uma vaga para assumir a gerência de uma loja de *surf*. Escolher peças de seda, cores neutras, tecidos planos, que fariam jus ao seu estilo não vai mostrar ao entrevistador que essa jovem tem o estilo despojado que o cargo requer. Duas possibilidades interessantes podem ajudar essa jovem: procurar um emprego que goste e onde possa ser livre para usar seu estilo; ou flexibilizar a questão do *look*, caso goste de trabalhar nessa loja.

Perceba que não se trata de pode ou não pode, mas do que comunicamos, pois é nítida a incongruência entre o que se diz e o que se vê; não passa batido aos olhos de ninguém.

Digamos que esta jovem leitora pense: *eu quero ter um estilo elegante, mas não tenho grana para o closet dos meus sonhos.*

Saiba que não se trata de ter mais ou menos dinheiro para montar o *closet* que atenda seu estilo e a imagem que deseja ver representada. Nos *looks* que ajudamos a criar, boa parte das peças é retirada daquilo que a cliente já tem, com a diferença de que agora, que ela *veste-se de si*, as peças, as cores e os acessórios harmonizam com quem ela é.

> *"Imagem bem transmitida é a reprodução externa daquilo que somos ou queremos ser por dentro."*

Com o *Vista-se de si*, passei a ser mais decidida. Se quero uma coisa, vou lá e conquisto. O livro que está em suas mãos é uma prova dessa virada de jogo. Contratei um consultor para me orientar sobre como escrever e colocar o método no papel, firmei acordo contratual com a editora e pude registrar para sempre meu propósito de vida. Fosse antes do método, eu até imagino o que teria pensado.

Quem me dera escrever um livro.

Isso não é pra mim.

Será que as pessoas vão gostar?

Será que vou mesmo ajudar alguém?

Será que os críticos vão me detonar?

Outro resultado positivo foi nunca mais ceder a duas tentações que podem fazer parte do seu dia a dia: 1) os argumentos convincentes de vendedoras que tentam fazer você comprar o que não precisa; 2) a ansiedade por ter algo que pouco precisa e muito quer.

O *Vista-se de si* me permitiu ter no *closet* o necessário para organizar uma agenda que traduza a imagem que, uma vez exposta ao mundo, me faz bem e traz os resultados que estimei.

Para finalizar esse trecho, e espero que a faça refletir bastante, deixo algumas dicas sobre as quais podemos refletir diariamente e evitar a compra por impulso.

Uma vez experimentada, que sensações a roupa me causa ao vê-la no corpo?

Em quantas ocasiões posso usar essa peça e por que levá-la?

Que comunicação essa roupa transmite?

Com essas perguntas registradas e exigindo resposta antes de entregar o cartão e digitar a senha, há um ganho triplo: controle financeiro, poder de decisão e autonomia para escolher o que você quer, e não o que a vendedora oferece.

A primeira resposta leva ao "experimento", uma oportunidade para avaliar se corpo e mente estão de acordo com aquela aquisição. A segunda, "quanto" e "por que" fazem a mente gerar uma investigação quantificada, um motivo lógico e o nosso lado racional entra em cena, deixando de lado a emoção da compra, responsável pelo impulso. A última leva a reflexão à necessária estratégia de averiguar se a peça está mesmo conectada à imagem desejada.

Experimente e, depois, me conte. Funcionou comigo, com centenas de clientes e vai funcionar com você.

Agora que "batemos um bom papo" a respeito da imagem no trabalho, quero oferecer uma pequena reflexão a respeito do que a pessoa amada vê em nossa imagem. Decidi apresentar esse trecho e abordar o assunto, porque sou testemunha da quantidade de mulheres que me procuram e se queixam de que "não são vistas" pela pessoa que amam. Será que podemos mudar isso? Espero você no próximo capítulo.

Capítulo 8

Capítulo 8

A imagem que transmitimos para a pessoa amada

A pessoa amada! Tema que mexe com a gente.

Já vi mulher reclamando que faz de tudo, compra o que pode, investe pesado em roupas, *lingerie*, maquiagem, acessórios e, mesmo assim, diz que parece invisível diante da pessoa que escolheu para amar.

Vamos entender como o *Vista-se de si* pode colaborar para que isso chegue ao fim ou, caso não seja a sua realidade, para que não aconteça.

Marcinha trouxe um problema que se repete com frequência. Atuava como secretária de gerência em uma empresa alemã e seu desejo era tornar-se secretária da presidência. Investiu na carreira, estudou três idiomas e acumulou especializações no ambiente acadêmico. Para cumprir seus objetivos profissionais, Marcinha chegou ao método *Vista-se de si* com uma informação inquietante.

Vista-se de si

— Jhanne, há mais de um ano tenho comprado roupas que me deixam mais elegante no trabalho. Estou fazendo o que é certo?

A essa altura do livro, até a leitora pode imaginar uma parte de minha resposta.

— Marcinha, não existe **certo** e **errado** para nós. A imagem que você apresenta em sua vida íntima, no lazer, te faz feliz?

A explicação de Marcinha é recorrente entre as mulheres que vivem situações parecidas.

— Aí é que está. Eu parei de sair faz um tempinho. Muitas vezes, minhas amigas até convidam, vou até o guarda-roupa, não acho nada que me agrade e acabo desistindo.

Marcinha se surpreendeu ao realizar uma etapa do método que a levou ao passado. Ao avaliar as escolhas que fazia há alguns anos, ela percebeu que estava desconectada do seu estilo de essência que a fazia feliz, adotando um estilo que não era o dela, em busca de um objetivo.

— Eu me visto formal por causa do trabalho, Jhanne. Nem gosto dessas roupas. É o preço exigido para me tornar secretária do presidente. Preciso estar e ser vista como uma mulher que transmita credibilidade, faz parte do jogo corporativo.

Quando tudo começa bem, a tendência natural é acabar bem. Pude ajudar Marcinha porque entendi a sua realidade de maneira profunda e investigativa. No fundo, ela vinha se dedicando tanto a um novo cargo que assumiu nova vida, fazendo da imagem profissional seu estilo predominante, que não era o seu de essência.

É claro que o resultado a deixava infeliz e deu clareza para que Marcinha entendesse o porquê de ter abandonado a vida social.

Aos poucos, fui mostrando que seria possível ter *looks* diferenciados para cada área da vida e não foi necessário investir muito. No *closet* dela, havia peças interessantes, abandonadas não pelo fato de que Marcinha não gostasse e sim por outra razão: estava vivendo em função do trabalho e deixou de lado o lazer, o amor, as amigas, a vida pessoal.

Até mesmo para isso as roupas são úteis. O que está sem uso no *closet* pode indicar, explicar ou responder muitas coisas a respeito dos resultados colhidos.

O mais curioso é que, ao mudar um detalhe, tudo muda. Abrimo-nos para o mundo e as oportunidades, nos tornamos mais plenas e há uma reflexão sobre isso que tem coerência para mim e, quem sabe, faça todo sentido também para você.

> *"Dizem que dinheiro atrai dinheiro. Do mesmo jeito, gente feliz atrai felicidade."*

Vista-se de si

Um ano passou e Marcinha se tornou uma das duas secretárias do presidente da empresa alemã. Bastou dar atenção e projetar em sua imagem pessoal aquilo que ela desejava no campo profissional. Sem perceber, a imagem profissional de Marcinha mostrava para as pessoas quem ela gostaria de se tornar. Mas sua imagem pessoal não estava projetada para vencer. Ao contrário, estava anulada.

Como as áreas da vida precisam estar em harmonia, o resgate do seu estilo predominante, de essência, abriu caminho para a motivação e a satisfação pessoal.

Marcinha voltou a sair com as amigas, mostrando "quem era ela" e as coisas aconteceram. Tempos depois, ela deu um *feedback* bem legal.

— *Jhanne, só agora percebo que eu tinha deixado de ser eu mesma para viver na vida pessoal um papel corporativo, como se a minha vida se transformasse numa extensão do trabalho. Morria de vergonha de sair com as amigas usando as roupas do trabalho e não percebia essa vergonha.*

Todas nós podemos entender a situação de Marcinha e ninguém teria o direito de acusá-la por não ter enxergado o óbvio.

Tem mãe que diz ao filho "*eu avisei, estava na cara que ia acontecer isso*". Ocorre que o óbvio para um, não necessariamente é óbvio para outro.

O marido de Marcinha andava reclamando naquela época em que ela parecia, aos olhos dele, não ser a mesma pessoa. Segundo ela, o marido certa vez disse o que pensava.

— *Poxa, você parece que envelheceu, só usa essas roupas formais. Tenho saudade dos tempos em que te via de calças jeans. Semana passada, a gente foi ao churrasco dos amigos e você parecia ter saído do trabalho.*

Marcinha informou outra queixa dele, igualmente grave, numa noite em que brigaram porque o marido exigia mais atenção. Ela me disse o que o marido falou:

— *Quando você sai para trabalhar ou vamos a algum evento, está toda produzida, cabelos arrumados, maquiagem de bom gosto, salto alto, perfumada. Comigo, em casa, é chinelão e camisetão. Não é por nada, mas quando a gente se casou, você se produzia bem mais para mim.*

Nessa área da vida, Marcinha dedicou atenção e tempo. Tratou de "vestir-se de si". Criamos oportunidades e *looks* para reacender a chama do casal. Em sua agenda de *looks,* uma vez por semana entrou um compromisso com o marido.

Amor, o casal tinha de sobra. Faltava só mostrar que ainda era uma mulher apaixonada. Pouco tempo depois, Marcinha conseguiu reatar os tempos românticos que marcaram o início da relação.

Vista-se de si

O que aconteceu com Marcinha no campo dos relacionamentos serve de alerta a cada mulher. Com o passar dos anos, é natural que a gente se esqueça de pensar em qual imagem estamos transmitindo àquela pessoa que escolhemos para amar e conviver. E, se desejamos ser vistas como mulheres que amam, é preciso que a nossa imagem reflita esse amor.

Marcinha acabou reorganizando o *closet*, doando e se desapegando do que não queria ou não servia ao seu estilo e imagem. Só que uma pergunta ficou no ar e pensei que, se um dia escrevesse um livro, soltaria essa pergunta "ao vento", para fazer as minhas leitoras refletirem. E agora, realizada por essa oportunidade, compartilho a pergunta.

Será que adianta encher o closet, se a gaveta da realização estiver vazia?

Pergunto isso porque comprar sem objetivo não faz nenhuma mulher sentir-se realizada, é um engano. No entanto, comprar o símbolo da projeção de uma nova imagem é transformacional e, nesse caso, se encaixam as roupas, os acessórios e tudo o mais que permita contar a sua história.

Agora sim, após a pequena interrupção que fiz para trazer um grande assunto, podemos voltar ao *closet* e aprofundar em um tema que deixa toda mulher curiosa, a agenda de *looks*. Sem demorar nem um tiquinho, vamos acessar o *closet*?

Capítulo 9

Capítulo 9

A agenda de looks e seu closet

Antes de me tornar influenciadora digital e consultora digital, investi em mim, fui me conhecer, identificar meu estilo. Investi em uma consultoria de imagem. Poxa vida! A gente investe dinheiro em festas, viagens, baladas, roupas que nem sempre têm harmonia com aquilo que precisamos, tampouco com quem somos. Embora tudo isso seja maravilhoso, festas, viagens, baladas e roupas chegam ao fim.

Sabendo que o autoconhecimento nunca se esgota, por que deixar de investir, de conhecer os detalhes que envolvem os valores, as preferências, a história que estamos contando, o futuro que estamos construindo?

Uma vez que saiba qual é seu estilo, sua essência e preferências, ter uma agenda de *looks* é a garantia de que vai respeitar a imagem de essência.

> *"Roupa não é só um pedaço de tecido. É um item que forma a imagem a te representar aonde quer que vá."*

Depois de quase todas as etapas do método *Vista-se de si* finalizadas, por 21 dias, nossa cliente é instruída a criar, organizar e colocar em prática uma agenda de *looks*. É um investimento de tempo e, para funcionar, depende de uma agenda bem elaborada de compromissos.

Você pode ir ao dentista ou passear pelo parque com a mesma roupa que usa para trabalhar, alegando que trabalha mais informalmente e dá para usar?

Sim. Ninguém há de proibir. No entanto, criar outros *looks* ou fazer combinações de peças e acessórios equivale a sair de casa para uma nova experiência. É aí que a agenda de *looks* se encaixa com perfeição.

Tenho clientes que reclamam de um ciclo: colocam peças e mais peças sobre a cama – olham cada roupa umas cem vezes – vão tomar banho e ficam pensando em qual delas escolher – retornam do banho e escolhem outra que sequer estava entre as selecionadas.

Enquanto isso, às vezes nem observam que muitas áreas de sua vida podem estar ignoradas, deixadas de lado, o que implicará grande insatisfação.

Já que nós, mulheres, gostamos tanto de roupas, acessórios, maquiagem, que tal usar tudo isso para assumir da melhor forma os nossos numerosos papéis dos desafios diários e nos sentirmos realizadas?

Veja como é simples. A cliente investe 30 ou 40 minutos num domingo ou algum dia de sua preferência para pensar e listar quais roupas usará por toda a semana. O ganho de tempo otimizado é maravilhoso. Basta seguir o passo a passo dos desafios que não têm nada de impositivos, mas se mostram totalmente positivos.

Os desafios da agenda de looks

1. **Tenha uma agenda de compromissos bem-organizada**, o que vai possibilitar mais tempo de sobra para curtir outras áreas e pessoas de sua vida. Semanalmente, organize sua agenda, pontue tudo o que tem a fazer e, caso já tenha este hábito, inicie pelo próximo passo;

2. **Escolha e separe para cada dia da semana um *look* que será usado na ocasião pontuada.** Deixe sua agenda de compromissos e de *looks* organizada e atualizada. Faça isso na primeira semana;

3. Na segunda semana, vem a parte mais importante da agenda de *looks*, para ajudá-la a resgatar momentos importantes que estão em desatenção: dedicar-se a um *hobby*, estudo ou o que desejar;

4. Se você é casada, prepare um *look* para usar uma vez na semana para um momento especial com o esposo, mesmo que seja um jantar em casa. Se tem filhos, separe um *look* para ter um dia de lazer com as criaturinhas que você trouxe ao mundo. Como anda a sua vida social? Separe um *look* para um momento com amigos, um *look* para cuidar da sua vida espiritual, e se você não tem o hábito de se dedicar às ações beneficentes, ao menos uma vez ao mês, separe um *look* para isso. Pode ser, por exemplo, ir até a casa de um colega ou conhecido que precisa de uma palavra amiga. Comece com pequenos gestos, até entender quão importante é sua existência no mundo e como pode ser útil para atender o semelhante. Você tem cuidado da saúde? Que tal separar peças para a atividade física, ao menos, três *looks* por semana?;

5. Organize *looks* para oportunidades em família. Por exemplo: não tem visitado seus pais com

frequência? Crie um *look* para fazê-lo e encaixe na agenda de compromissos. O fato de reservar roupa e tempo vai aumentar a motivação e o desejo de retomar esses compromissos. Se fizer sentido a você, tenha cuidado com os excessos que não possam ser cumpridos. Por ex.: se você não vê os pais há um mês, separar *looks* e colocar na agenda de compromissos que vai vê-los todas as noites talvez não seja factível, em função dos outros compromissos;

6. Crie ainda um *look* que envolva peças e acessórios comprados ou ganhados, que encheram o *closet* e estão lá, sem uso. Lembre-se de que não adianta ter o *closet* cheio e uma vida vazia.

Tomo a liberdade de trazer uma pergunta, de mulher para mulher:

— *Não é bem melhor do que ficar um tempão na frente do closet, jogando roupas sobre a cama, sem saber o que escolher?*

— *E o que vai acontecer se eu precisar mexer nos meus compromissos?*

Essa pergunta foi elaborada pela empresária do setor de concessionárias, Cibele, uma cliente de São Paulo.

Vista-se de si

Respondi e sinto que vale repartir a reflexão com a leitora.

— Cibele, não existe o menor problema. *A maior parte dos compromissos profissionais que assumimos tem semelhança porque tende a existir uma regularidade de compromissos. Se uma empresária como você tiver as reuniões da terça reagendadas para quarta-feira, inverter o look dificilmente será um problema. Acontece comigo e com a maioria das minhas clientes.*

Cibele deu um sorrisão e devolveu.

— *Acho que eu estava procurando uma desculpinha para não ter o trabalho de fazer a agenda de looks.*

Na primeira semana, Cibele descobriu que não era nada trabalhoso. A agenda de *looks* é produtiva em vários sentidos, facilita a chance de pensar em alternativas que, em geral, passariam batidas porque muita gente se troca atrasada.

Avaliando e ajudando a compor a agenda de *looks* da empresária, ela ficou encantada com as possibilidades. Confira uma parte do que foi feito por ela e pode ser feito por você.

— *Cibele, na próxima segunda-feira, qual critério você mais precisa para o seu dia?*

— *Com certeza, o conforto, porque terei duas reuniões de três horas cada uma delas. Preciso mostrar que sou eu quem manda, mas vou estar de pé boa parte desse tempo.*

— *E que imagem você precisa transmitir nessas reuniões?*
— *Jhanne, como de hábito, devo demonstrar autoridade.*
Não faria sentido envelopar Cibele em peças justas. Escolhemos roupas confortáveis que, ao mesmo tempo, passavam a imagem de credibilidade e firmeza, de acordo com o estilo de essência dela, mantendo o conforto. Tudo isso reunido no mesmo desejo de Cibele: transmitir autoridade empresarial.

Em seguida, foi a vez de montar um *look* para um "evento não contemplado", isto é, uma área em que sua imagem não estivesse bem representada. Cibele escolheu a área do *hobby*, que inclusive coincidia com a área da saúde física.

— *Como você se vê em relação ao hobby preferido?*
Ela nem precisou pensar tanto para responder.
— *Jhanne, me sinto culpada e relaxada. Amo caminhar no Parque do Ibirapuera, perto de onde moro, bem cedinho, sentindo o cheiro de orvalho e o ar puro da região. Faz meses que a rotina de empresária me impede de fazer o que gosto.*

Escolhemos o *look* e Cibele, paulistana, voltou a visitar o Ibirapuera para as caminhadas matinais. Depois dessa volta, pelo efeito da endorfina que floresce nas atividades físicas, a empresária passou a incluir três caminhadas semanais pelo parque. Estava de volta ao *hobby* que trazia qualidade de vida e, ainda melhor, a imagem que a própria Cibele tinha de si mudou. Antes, via culpa em seu comportamento e relaxo em sua imagem. Agora, sentia-se orgulhosa. Em apenas dois meses, Cibele sentia-se mais disposta e com a mente relaxada.

— *Você teve algum prejuízo por dedicar horários ao hobby de caminhar ou a agenda de compromissos que organizou foi suficiente para incluir as caminhadas e realizar seus compromissos profissionais?*

— *Jhanne, percebi que, quanto mais eu caminho e volto ao hobby, melhor é a minha disposição. Acabo desembaraçando com rapidez problemas que antes levavam um tempão para decidir o que fazer, e outro tempão para solucionar.*

Perceba, leitora, que a mudança de Cibele começou pela parte mais importante: a imagem que tinha de si e os comportamentos que pretendia mudar. A partir daí, foi ter o cuidado de reservar um *look* para cada caminhada, cumprir a agenda de compromissos e a agenda de *looks*.

No ano seguinte, mais nova e de namorado novo, Cibele tinha conquistado excelentes resultados e, segundo ela, o nosso método foi crucial. Na prática, tinha aprendido a *vestir-se de si* e, a pedido dela, só recebia de nós uma supervisão para manter suas conquistas. Naquele tempo, ela me procurou.

— *Eu tinha tentado de tudo. Colocava o despertador e desligava, estabelecia um tipo de "castigo" e ficava sem sobremesa por uma semana, caso não caminhasse. Cheguei até a ficar sem tomar vinho por três meses, por punição. Nada disso funcionou. Por que o fato de ter escolhido um look para caminhar me colocou em movimento, Jhanne? Até hoje me faço essa pergunta.*

Você mesma respondeu, sem perceber. É necessário ter a imagem de quem pratica caminhada. Despertador, a gente desliga e dorme de novo. Sobremesa, a gente finge que se proibiu de comer e uma hora acaba comendo. Vinho, a depender do cansaço ou da necessidade de tirar o estresse, a gente toma mesmo que tenha prometido evitar. Uma coisa é se punir e outra, bem diferente, é ver em si a imagem de alguém que finalmente está disposta a fazer o que sempre quis e gosta. Por isso, escolher a roupa acaba funcionando.

— *Como se a mente fizesse isso no piloto automático?*

— Não, Cibele. É mais forte do que isso. A mente não sente a menor dor por cancelar castigos autoimpostos. Agora, ao criar a imagem de quem faz e separar o traje de quem faz, a mente não se conforma em ver a roupa ali, separadinha, sem uso. Por isso funciona.

Cibele mostrou a agenda dela. Vamos a alguns exemplos:

Vista-se de si

Sexta-feira – peças que há muito não usava, em favor da construção de uma imagem coerente com aquela que Cibele desejava comunicar;

Sábado – um *look* que, antigamente, Cibele tinha dificuldade de compor com outra roupa, um colete que ela só usava harmonizando com a calça jeans, e passou a experimentar com um vestido;

Domingo – esforço para que os acessórios a fizessem brilhar;

Consequentemente, a agenda de *looks* que começou com o objetivo de otimizar tempo e facilitar a vida, passou a ser para Cibele um interessante desafio de organização, com a vantagem de explorar ao máximo de um *closet* antes ocioso, com peças ainda etiquetadas.

E, afinal, duas perguntas não querem calar.

A exemplo do que aconteceu com Cibele, o que fazer com essas roupas entulhadas que não dizem respeito ao nosso estilo e foram compradas lá atrás, sem os critérios que conheceu no *Vista-se de si*, por conta de um momento de ansiedade ou, quem sabe, até serviram ao propósito?

Chegou mesmo na hora de doá-las para abrir espaço?

Vou dar um exemplo.

Todos os anos, faço um bazar beneficente e 100% da arrecadação é destinada às instituições que ajudam o ser humano. Posso comprovar como é prazerosa a energia da doação. As mulheres, normalmente clientes e amigas que também doam as roupas que não compõem mais a sua nova imagem, sentem-se igualmente leves e felizes, pois doar tem três vantagens: 1) abre espaço para o novo entrar; 2) corrige, a partir das novas peças, a qualidade da imagem que desejamos apresentar e da história que desejamos contar; 3) atrai abundância porque a sábia vida nunca se esquece de trazer prosperidade aos que estenderam sua mão ao semelhante.

Vamos a outro item do *closet*. Sugiro que dê atenção especial a estas peças.

A lingerie, item que gera grandes dúvidas

O passado foi ingrato com as mulheres. Na hora de escolher a *lingerie*, o jeito era optar por conforto, elegância, beleza ou sensualidade. Juntos, esses elementos não se combinavam e não eram encontrados na mesma peça.

Os tempos mudaram e os fabricantes começaram a entender que a mulher contemporânea precisa de todos os critérios na mesma peça, para que possa cumprir os seus múltiplos papéis confortavelmente, sem abrir mão dos outros quesitos.

Vista-se de si

Débora era dona de três panificadoras. Herdou dos pais a primeira e, com trabalho duro, abriu outras duas unidades nos bairros vizinhos. Em dado momento, fomos visitar seu *closet*, em busca da melhor agenda de *looks* possível. Havia peças de marcas famosas, mas era nítida a sua despreocupação com as escolhas da *lingerie*.

Resolvi perguntar o motivo.

Você investe pesado na compra de roupas e pouco na aquisição das *lingeries*. É proposital ou nem percebeu que fazia assim?

— *Jhanne, vou ser bem sincera com você. Até hoje, eu fazia assim: se pintar alguém, vou lá e compro. Senão, usava calcinha de algodão bem confortável, sutiã que não me apertasse tanto porque passo o dia inteiro trabalhando nas três unidades do nosso negócio. Vou te mostrar dois tesouros meus.*

Antes que eu respondesse, Débora separou duas *lingeries* da gaveta: uma cor da pele e outra, cor-de-rosa; e me mostrou, toda orgulhosa.

— *Tá vendo essas duas mais velhinhas? Gosto tanto delas que considero minhas amigas. Eu chamo a bege de relaxante, que é para a segunda-feira. A cor-de-rosa, eu batizei de relaxada e serve para a sexta-feira. É que segunda e sexta-feira são os dias mais puxados das minhas panificadoras. Só que alguma coisa me diz que vou ser proibida de usar a relaxante e a relaxada, né?*

Não, Débora. O *Vista-se de si* não proíbe, nem julga nada. Vamos te ensinar a vestir-se de si, pois uma coisa é ninguém ver e outra, bem desigual, é você saber que está vestindo uma peça que não traduz a imagem que não conta a sua história. Posso dar um exemplo da vida pessoal, que não tem a ver com peças íntimas, mas me lembrou o acontecido por causa da imagem que estamos transmitindo de nós. Minha filha, Lavínia, às vezes, diz "mãe, tô com saudade da sua comidinha". Ainda que seja um momento de intimidade entre mãe e filha, eu me visto pensando em mim, para comunicar à Lavínia a imagem de mãe e amiga que desejo projetar para ela. Então, passo um protetor com base, um rímel e escolho um *look* legal para cozinhar e ficar com minha filha, por duas razões: 1) é importante que eu me sinta bem; 2) não faz sentido projetar uma caprichada imagem para o ambiente profissional e me vestir sem capricho para a filha que amo. O mesmo raciocínio se encaixa quando você vai trabalhar ou escolher uma peça, seja qual for. Quem passa a maior parte do tempo no trabalho merece sentir-se bem e bonita no cotidiano porque está fazendo o que ama. Hoje, é possível harmonizar conforto e beleza. Se fizer sentido para você, podemos atualizar a *relaxante* e a *relaxada*, de maneira que continue sentindo-se confortável e bela da cabeça aos pés, conforme você me disse que desejava, quando começamos.

O comportamento de Débora sobre as "suas amigas" *relaxante* e a *relaxada* está longe de representar exceção. Em nossa consultoria de imagem, tive o cuidado de inserir a *lingerie* dentre os itens a se avaliar, mudar ou verificar, porque percebi que o tema ainda trazia os seus tabus, razão pela qual algumas consultorias de imagem podem deixar de lado esse item tão importante, evitando invadir a privacidade da cliente.

> *"O hábito de comprar peças só em ocasiões especiais acaba por ignorar um fato importante: todo dia é especial."*

A vida de toda mulher é corrida e minha cliente não escapava disso. Toda segunda-feira, Débora precisava negociar com os fornecedores, abastecer o estoque, administrar as receitas e despesas da semana anterior e planejar as ações da semana. Traçamos a agenda de *looks* que ela cumpriu com rigorosidade, muito disciplinada que era. E, após a consultoria de imagem, nos despedimos. Débora estava pronta e, agora, parecia outra pessoa.

Inspirada pelo *Vista-se de si*, Débora passou a dar importância a um exercício que todas nós merecemos, delegar.

Promoveu uma moça em quem confiava, que trabalhava para ela desde a primeira panificadora. A moça foi se tornando braço direito de minha cliente, até que assumiu a gerência de cada unidade. Uma vez livre de várias questões, surgiu mais tempo para Débora *vestir-se de si*.

Fiquei um tempo sem vê-la, até que um dia, recebi um *e-mail* dela. Dizia o seguinte:

— *Jhanne, quero te agradecer. Graças ao Vista-se de si, rompi relações com duas amigas que não me representavam mais, a relaxada e a relaxante.*

Levando-se em conta a realidade dela desde que começou a metodologia, fica uma pergunta no ar.

Que tal *vestir-se de si*, no lugar de vestir qualquer coisa e encontrar qualquer resultado?

Por falar nisso, vamos ao próximo capítulo, que traz um tema decorrente dessa questão e, sobre o qual, cheguei a dar algumas dicas ao longo do livro: o *closet* ocioso.

Como você lida com isso?

Capítulo 10

Capítulo 10

As roupas paradas no closet e o teste-bônus da sua imagem

É com prazer que apresento a última história do livro. Sou grata a cada cliente que aceitou partilhar seus desafios e até mesmo sua intimidade. Assim como tive a chance de aprender bastante com cada mulher que tive a satisfação de ajudar, tenho certeza de que as leitoras puderam absorver muitas lições.

Ao fim da última experiência, vou presentear você com uma estratégia para se testar e se conhecer melhor.

Katia foi bem sincera e, assim que começamos, não teve vergonha de dizer o que pensava e fazia.

— *Jhanne, tenho dificuldade de desapegar. Ralei para ter o meu closet e não me tornei uma pessoa de sucesso da noite para o dia. Foi tudo conquistado com muita luta. Talvez por isso sinta essa dificuldade.*

Tratei de acalmar a cliente. Katia era comerciante do setor de perfumes. Tinha seis lojas de uma conhecida franquia.

Não tem problema. Ninguém é obrigada a fazer o que não quer. Em seu *closet*, tudo está em uso constante?

— *De jeito algum. Tenho as roupas para eventos que uso uma vez na vida.*

Se você tiver uma agenda de compromissos, poderá ter uma agenda de *looks* e, assim, usará todas as suas roupas. Essa coisa de "roupa especial" ou "roupa para eventos" às vezes é crença nossa. Custou caro, por isso elegemos a peça como útil só para determinadas ocasiões. Mas quero que você entenda, Katia: o *Vista-se de si* orienta tudo, mas respeita a vontade da cliente. O meu papel é mostrar outras possibilidades e, se você mudar ou não de ideia em relação a qualquer tema que envolva a sua imagem e o seu *closet*, terá nosso respeito.

Em algumas semanas, Katia descobriu sozinha o que a deixava desconfortável e o motivo estava fixado em seu subconsciente, que explicava o apego e a dificuldade de abrir espaço para o novo entrar.

A descoberta deu-se num dia em que decidiu comprar uma sandália de marca consagrada e me telefonou, com uma dúvida.

— *Jhanne, tô pensando em comprar uma sandália daquela marca italiana caríssima. Na vitrine, encontrei outra bem parecida, só que nacional e mais barata. Então, o que pensei: compro a italiana para eventos especiais e levo essa nacional para usar no dia a dia, assim não gasto a importada. Está certa a minha estratégia?*

Katia, o *Vista-se de si* não define o que é *certo* e *errado*. Quero te ajudar, só que a decisão final é sua. Pelo que disse durante a entrevista, o seu *closet* está repleto de peças parecidas ou repetidas. Vou soltar uma possibilidade no ar e você reflete. Se comprar só a sandália italiana, e eu sei que você adora essa marca, poderá usá-la com frequência, em vez de reservá-la só para alguns momentos. Mais adiante, vai acabar enjoando e, no lugar de doar para uma pessoa estranha, de repente poderia doar para uma conhecida ou amiga que sempre teve o sonho de usar essa marca italiana e nunca conseguiu comprar. Nesse caso, não seria uma doação sem conhecer o rosto da beneficiária, e sim uma doação com o propósito de ver alguém que você gosta realizando um sonho de consumo. Apenas pense nisso.

— *Tá legal! Vou até o restaurante e, enquanto me alimento, penso sobre o que fazer. Qualquer coisa, te ligo mais tarde. Obrigada, Jhanne.*

Vista-se de si

Katia não ligou. Dois dias passaram e me enviou um *e-mail*. Contei para ela que estava escrevendo um livro para que outras mulheres aprendessem aquilo que ela aprendeu com o método e pedi para compartilhar o texto do *e-mail*. Muito gentil, Katia autorizou o compartilhamento integral.

— *Jhanne, passando por aqui para expressar o meu "muito obrigada". Saí da loja com uma só sacola, a sandália italiana. Pensei bastante em sua ideia e chamei minha prima aqui em casa, a Dani. Fomos criadas juntas, ela é um amor e continuamos amigas até hoje. Quando Dani chegou, tinha uma surpresa reservadinha na sala. Doei para ela tudo o que eu tinha duplicado, além de várias peças originais e importadas que estavam em meu closet há muito tempo e não refletiam a imagem que pretendo passar para as pessoas que se relacionam comigo. Passei parte daquela noite em que conversamos pensando por que eu, que tenho o coração tão generoso, tinha tanta dificuldade de doar e acabava acumulando tanta roupa. Até que descobri. Tive uma infância difícil, de família humilde. Nas festas de aniversário, ganhava abraços, beijos e a promessa de que um dia, quando tivessem um dinheirinho sobrando, comprariam um presente para mim. Depois da faculdade, montei minha primeira loja. Entrei no mercado de franquias e fiz sucesso. Quando comecei a me presentear com as peças das marcas que sonhei no closet, coloquei nas divisórias também um pouquinho de um egoísmo, fruto das privações. Olhava para aquelas peças todas e pensava: são minhas. E como é libertador, Jhanne, deixar de pensar assim. O melhor aconteceu à noite, depois que Dani tinha ido embora cheia de sacolas. O meu marido passou em frente ao closet, perguntou o que eu tinha feito com as roupas. Contei e ele. "Agora sim está agindo da maneira que te conheci, quando você não tinha dinheiro para comprar nem mesmo um item do seu closet de hoje. Estou orgulhoso de você!", ele comentou. Jhanne, isso não tem preço. Contratei o Vista-se de si para melhorar o meu closet e a prática do método me fez entender que precisava evoluir os comportamentos, para que a minha imagem fosse de acordo com o meu perfil. Nem sei como agradecer, é uma nova vida!*

Na época em que escreveu o *e-mail*, Katia finalizou desse jeito, sem saber ao certo como expressar sua gratidão. Agora, que o *case* está compartilhado no livro, tenho certeza de que descobriu porque a experiência dela é uma fonte de inspiração para nós, mulheres. Com certeza, Katia vai ficar feliz ao ver no livro quem era e quem é hoje.

Não foi só Katia que aprendeu com aquela experiência. Todos os dias, as histórias de minhas amigas e clientes me ensinam um bocado de coisas.

Vista-se de si

Trabalhando com o *Vista-se de si*, pude ver como nós, seres humanos, guardamos dor. Tem gente que se comporta com o que parece ser mesquinharia. Uma vez que conhecemos as aflições vivenciadas no passado, as privações, os sofrimentos e as lutas, percebemos que não era mesquinharia e sim dor acumulada, aquela sujeirinha emocional que optamos por deixar debaixo do tapete.

Da mesma maneira que Katia, eu também venho de uma família que se desestruturou em algum momento. Precisei trabalhar duro para alcançar a posição que o meu trabalho permitiu e, para retribuir as tantas dádivas que recebo da vida, procuro passar adiante tudo o que aprendo, por livros, vídeos, palestras ou consultorias.

Quando vejo a vida de pessoas indo para um lado que certamente não há de trazer felicidade, a exemplo das escolhas que Katia vinha adotando, penso como é bom ver o meu propósito de vida, que é método *Vista-se de si*, fazendo sentido, mudando a maneira de pensar e agir das mulheres, trazendo mais generosidade, desapego e abundância.

O *Vista-se de si* não resolve todos os problemas da vida, mas proporciona a imagem que deve ser apresentada ao mundo, para que a pessoa seja vista da maneira que deseja contar sua história.

Sem essa imagem bem projetada, existe o risco de ficarmos invisíveis diante das oportunidades e pessoas com quem interagimos.

Confira, a partir do relato, que o problema pode ser maior do que ter roupas sem uso no *closet*. Uma investigação, um mergulho para dentro de si é a rota para descobrir se existem questões comportamentais que estão dificultando a arte de mostrar ao mundo o que viemos fazer nele.

· ·

Teste-bônus da sua imagem

Vamos começar por perguntas que precisam ser respondidas. Aqui ou no dispositivo eletrônico que preferir, agora ou após terminar o livro, responda, pois o benefício é todo seu.

Sua imagem corresponde as suas habilidades e a sua personalidade?

_____
_____
_____
_____

Vista-se de si

De 1 a 10, que nota você daria para essa harmonia entre imagem, habilidade e personalidade? E o que pode fazer, que só dependa de você, a partir de agora, para melhorar a nota, caso não te satisfaça?

_____
_____
_____
_____

Em geral, você sente que causa boa impressão através da sua imagem?

_____
_____
_____
_____

De 1 a 10, que nota daria? E o que pode fazer, que só dependa de você, a partir de agora, para melhorar a nota, caso não te satisfaça?

_____
_____
_____
_____

Minha sugestão é que vá relendo e atualizando suas respostas, até encontrar a nota e os motivos que trazem plenitude.

Agora, chegou o momento de conhecer melhor seu corpo. Porém, vale lembrar: são referências. Para ter certeza de estilo de essência, tipo físico e outros detalhes, sugiro que nos procure. No fim do livro, estão nossos contatos.

Tipo físico

Costumo dizer que não existe um tipo físico melhor do que outro. Cada um tem suas particularidades e não se pode afirmar que são positivas ou negativas. Depende do que é importante para cada mulher.

O objetivo desse conhecimento é trazer harmonia para o corpo, porém estar em harmonia pode não ser seu objetivo e não tem problema. O importante é que você se conheça e harmonize aquilo que encontrar necessidade.

Vou compartilhar algo com você. Eu tenho 1,63m de altura. Evitava usar tênis para não ficar baixa. Depois que me tornei consultora de imagem, a situação ficou mais delicada porque surgiu um tal de "pode" e "não pode" que me prendeu mais ainda. Conforme fui conquistando segurança do que realmente me incomodava e desenvolvendo meu método, fui me libertando dessas regras e vi o quanto era importante me conhecer, e tudo bem se eu usasse algo que não traria harmonia para o meu corpo, desde que me trouxesse satisfação pessoal.

O importante, como se pode notar, é saber o efeito que as linhas e formas das peças estão causando, depois você decide o que fazer com tudo isso.

Hora de ir ao espelho

Apenas de calcinha e sutiã que não marquem o corpo, de preferência sem costura, se visualize. Olhe bastante para a imagem refletida, identifique a parte que mais chama a atenção. Comece por onde te incomoda. Algumas metodologias usam a fita para medir. Se estiver encontrando dificuldade, pode ser uma alternativa. Lembre-se de que os olhos conseguem visualizar a parte mais pesada do corpo.

Silhueta X

Representa o corpo em que os ombros e o quadril têm a mesma proporção. Há quem diga que a silhueta em formato ampulheta é a mais desejada, porém essa também tem os seus pontos a melhorar. Uma mulher com a silhueta em X tem grandes chances de deixar um *look* sensual, vulgar e até mesmo limitar o uso de tecidos estruturados, pois pode parecer cheinha. A dica é que opte por tecidos leves e decotes em V.

Triângulo

A parte que mais chama atenção é o quadril. Normalmente, tem uma silhueta marcada. Os ombros são estreitos em relação ao quadril. Se você busca harmonia, procure dois objetivos: aumentar os ombros e diminuir o quadril. Se realmente esse for seu objetivo, evite marcar seus pontos mais estreitos.

Como fazer isso? Para os ombros: ombreiras e peças ombro a ombro, criando uma linha horizontal nos ombros. Blusas acima ou bem abaixo do quadril, para não evidenciar o que se destaca no corpo.

Silhueta triângulo invertido

Ombros maiores do que o quadril. O biotipo triângulo simboliza a morfologia preferida dos estilistas, pois a roupa veste como um cabide.

Se seu objetivo é harmonizar, use tecidos com estrutura para o quadril, leve o volume para essa parte que te incomoda, use saia godê, peças com bolsos que dão volume, drapeados, babados, linhas horizontais, e uma terceira peça que faça volume, na região do quadril.

Retângulo

Quadril e ombros com a mesma proporção, retos, e cintura pouco evidente.

Se seu objetivo é harmonizar a silhueta, marcar a cintura é uma excelente opção, mas não a única.

Você pode usar peças com volumes nos ombros e quadris. Blusas e vestidos com a cor mais escura na região da cintura, saia com volume nos quadris.

Silhueta O

Ombros, quadril e silhueta arredondada, ombros caídos, volume nos seios e abdômen

Se seu objetivo é harmonizar, procure chamar a atenção para partes do corpo que não sejam os seios e o abdômen. Realce suas pernas e seu colo, que são pontos fortes na sua morfologia. Use decotes em V, acessório no cabelo para desviar a atenção do observador até outra parte, além de sapatos que chamem atenção e camisa com pequenas ombreiras para levantar os ombros, saia reta, blusas assimétricas, e blusas com drapeado nas costas.

· ·

E aí, agora se conhece um pouco mais?

Quero agradecer a você que leu cada linha de minha obra. Espero que tenha aprendido bastante e, se quiser incorporar o método *Vista-se de si* à sua vida, seja bem-vinda!

Vou compartilhar meus canais, para que acompanhe o dia a dia das dicas que ofereço com frequência. Espero que você venha fazer parte do espaço que reúne milhares de mulheres que me acompanham.

Se você é empresária, o método *Vista-se de si* também pode ser levado até sua empresa, para resgatar a autoestima do seu time feminino. E, é claro, não posso deixar de mencionar a palestra VISTA-SE DE SI, totalmente baseada na metodologia, que pode ser levada até a sua empresa também.

Por último, quero pedir duas gentilezas:

1. **Faça contato comigo, envie um *e-mail* e diga o que achou do livro, comente como as lições de minhas clientes e as premissas do método ajudaram em sua vida. Essa troca é produtiva e a sua opinião ajudará nos próximos livros que vou escrever;**
2. **Seja presenteando ou compartilhando seu exemplar, leve a leitura até os olhos de sua amiga, mãe, irmã, tia, prima, vizinha, líder, subordinada. Em várias áreas da sua vida, existe alguém que pode mudar de vida após um breve**

contato com o *Vista-se de si*. Talvez, você possa ser a ponte entre esta mulher hoje e a mulher que ela merece se tornar.

Quem sabe nos encontramos em breve! Vou torcer para que isso aconteça. Tome nota dos meus contatos, transmita a sua imagem da melhor maneira, para encontrar a qualidade de vida, o poder pessoal, a felicidade e o amor que você merece!

Instagram: @jhannepires e o @vistasedesioficial
E-mail: contato@vistasedesi.com.br
YouTube: Vista se de si

Atenção: o método *Vista-se de si* é patenteado. As leitoras colherão excelentes resultados e poderão aplicar em si, mas não podem aplicar em clientes, sem passar por um aperfeiçoamento e adquirir uma autorização.